He Aquí, ¡Jesús Viene!

KAY ARTHUR
DAVID ARTHUR

MINISTERIOS
PRECEPTO
INTERNACIONAL

La Nueva Serie de Estudio Inductivo
HE AQUÍ, ¡JESÚS VIENE!

ISBN 978-1-62119-167-4

2013 Edición Estados Unidos

CONTENIDO

CÓMO EMPEZAR

¡Leer instrucciones puede ser cansado—y a menudo tedioso! A veces, lo único que quieres es comenzar. Y si todo lo demás fallara, entonces leerías las instrucciones ¿verdad? ¡Te entendemos!, pero por favor no comiences de esta manera. Estas breves instrucciones ¡son vitales para empezar el estudio de una manera efectiva! Estas páginas realmente te ayudarán mucho. De hecho, si no lees esta sección, probablemente te pierdas en el estudio sintiéndote también muy frustrado.

PRIMERO

Para comenzar, déjanos explicarte cómo está estructurado este estudio. Encontrarás una asignación en particular para cada día de la semana - y así podrás estudiar consistentemente la Palabra. De seguro, pronto notarás que estudiar diariamente resulta más provechoso que hacer el estudio de toda una semana en una sola sesión. Estudiar diariamente te dará la oportunidad de ir meditando lo que vas aprendiendo. Y en este estudio de Apocalipsis necesitarás dedicar como mínimo 28 minutos diarios, seis días a la semana, durante 13 semanas.

El séptimo día de cada semana tiene características diferentes a los otros seis días. Estas características han sido diseñadas para ayudar en la discusión del grupo; sin embargo, también te beneficiarán en caso que estés estudiando el libro en forma individual.

El "séptimo día" será cualquier día de la semana en que tú elijas terminar tu estudio semanal. En aquel día, encontrarás uno o dos versículos para memorizar y GUARDAR EN TU CORAZÓN.

Esto te ayudará a concentrarte en una verdad principal o en verdades que hayan sido presentadas en esa semana.

Como ayuda para aquellos que utilizan este material en su clase de escuela dominical o en su estudio de grupo pequeño, hemos incluido las Preguntas para Discusión o Estudio Individual. Lee las preguntas y decide cuáles de ellas usarás en el tiempo de estudio. Por lo regular, tendrás disponibles más preguntas de las que pueden cubrirse en el tiempo de tu estudio semanal. Y en caso de que estuvieras haciendo este estudio por ti solo, también te será de mucho beneficio contestar las preguntas.

Si estás en un grupo, asegúrate de que cada miembro de la clase, incluyendo el maestro, apoye su respuesta y percepción usando citas bíblicas. Solo entonces estarás tratando la Palabra de Dios correctamente. Cuando estés aprendiendo a ver lo que el texto dice, la Biblia se explicará a sí misma.

Examina siempre tu entendimiento observando cuidadosamente el texto para ver lo que *dice*. Entonces, antes de decidir lo que ese pasaje de la Escritura *significa*, asegúrate de interpretarlo en base a su contexto. La Escritura nunca se contradice. Si algo pareciera contradecir el resto de la Palabra de Dios, puedes estar seguro de que está siendo tomado fuera de contexto. Si te encuentras con un pasaje que te resulta difícil de entender, mantén en reserva tu interpretación hasta que puedas estudiar el pasaje con más profundidad.

Después de las preguntas de discusión hay un Pensamiento para la Semana. En este estudio de Apocalipsis muchas de estas secciones serán utilizadas para explicar lo que creemos que la Palabra enseña acerca de los eventos futuros. De ningún modo esperamos que estés de acuerdo ciegamente con nuestra postura, pues no nos consideramos dueños de la verdad. Por lo tanto, cuando llegues a esta sección ten oído para oír - ¡sé enseñable, pero a la vez exigente! Mientras consideras nuestra opinión, continúa estudiando la Escritura para que veas cómo se alinea lo que creemos con lo que tú mismo puedes ver en la Palabra de Dios.

Recuerda que aquí la cuestión no es que estemos o no de acuerdo en todos los puntos; así que mantén un espíritu abierto y enseñable. Lo importante es que observes cuidadosamente el texto por ti mismo. Aprende a tratar las Escrituras cuidadosa y correctamente, familiarizándote con todo el consejo de Dios.

SEGUNDO

Mientras estudias Apocalipsis necesitarás cuatro cosas además de este libro:

1. Una Biblia que puedas marcar. Las marcas son realmente esenciales. Una Biblia ideal para este propósito es la *Biblia de Estudio Inductivo (BEI)*. La *BEI* tiene letras grandes y fáciles de leer, lo cual resulta ideal para marcar. Los márgenes son anchos y con espacio suficiente para realizar anotaciones.

La *BEI* también tiene instrucciones para estudiar cada libro de la Biblia, pero no contiene ningún comentario sobre el texto, ni está compilada siguiendo una postura teológica determinada. Su propósito es enseñarte a discernir la verdad por ti mismo a través del método de estudio inductivo (los mapas y cuadros que encontrarás en esta guía de estudio son de la *BEI*.)

Independientemente de la Biblia que uses, tendrás que marcarla; y esto nos lleva a un segundo artículo que necesitarás...

2. Un bolígrafo de punta fina y de cuatro colores, o cuatro bolígrafos de punta fina y de distintos colores que puedas usar para escribir en tu Biblia (puedes encontrarlos en las tiendas que venden productos de oficina).

3. Lápices de colores.

4. Un cuaderno de notas, para trabajar en tus asignaciones y registrar observaciones.

TERCERO

1. Al estudiar Apocalipsis tus asignaciones diarias consistirán en varias instrucciones que te ayudarán a ver exactamente lo que dice la Palabra de Dios. Estas asignaciones te tomarán de 25 a 30 minutos diarios; pero si decides dedicarles más tiempo del

señalado, de seguro aumentarán grandemente tu intimidad con la Palabra de Dios y con el Dios de la Palabra.

Una vez que hayas visto lo que dice la Palabra, entonces sabrás cómo interpretarla y aplicarla en tu vida. Y en caso que te estés preguntando cómo hacer esto, te decimos que para eso existe la Nueva Serie de Estudio Inductivo - para mostrarte cómo estudiar libro por libro, a través de la Biblia - hasta que puedas ver y comiences a entender el completo consejo de Dios.

Si estás haciendo este estudio como parte de una clase y encuentras las lecciones un tanto pesadas, simplemente completa lo que puedas. Siempre es mejor hacer poco que nada. Al tratarse de la Biblia, te recomendamos que no seas de esas personas que o lo hacen todo o no hacen nada.

Recuerda que cada vez que te acerques a la Palabra de Dios, también estarás aumentando la intensidad de la batalla con el diablo (con nuestro enemigo). ¿Por qué? Porque cada parte de la armadura del cristiano está relacionada con la Palabra de Dios; siendo nuestra única arma ofensiva la espada del Espíritu, la cual es la Palabra de Dios. Y el enemigo desea que tu espada esté desafilada. ¡Así que no le ayudes! ¡No tienes por qué permitir eso!

2. Mientras lees cada capítulo, entrénate a formularte las "seis preguntas básicas": quién, qué, cuándo, dónde, por qué, y cómo. Estas preguntas te ayudan a ver exactamente lo que la Palabra de Dios está diciendo. Cuando interrogas el texto puedes hacer preguntas como éstas:

   a. ¿**Quiénes** son los personajes principales?
   b. ¿**De qué** se trata el capítulo?
   c. ¿**Cuándo** sucede este evento o enseñanza?
   d. ¿**Dónde** sucede?
   e. ¿**Por qué** está sucediendo o se está diciendo esto?
   f. ¿**Cómo** sucedió?

3. El "cuándo" de los eventos o enseñanzas es muy importante y debe marcarse en la Biblia de una manera fácil de reconocer. Puedes hacerlo dibujando un círculo ◯ en el margen de

la Biblia al lado del versículo donde aparece la referencia de tiempo. Te convendría subrayar o colorear todas las referencias de tiempo con un color específico. Algunas de las referencias de tiempo que necesitarás marcar son: *vengo pronto, hecho está, consumado/terminado, día, tiempos, hasta* y *para siempre*. Marca también cualquier referencia de tiempo específico; por ejemplo: *cuarenta-y-dos meses, tiempo y tiempos y medio tiempo, día y noche, mil doscientos sesenta días, etc.*

4. En varias partes de este estudio se te pedirá que hagas listas, cuadros, etc. Aunque tales ejercicios podrían parecerte no muy divertidos, el seguir las instrucciones fáciles y específicas, relacionadas con cada uno de ellos, te concederá un conocimiento más profundo y más amplio, difícil de alcanzar de no hacerlos. Por favor, comprende que cada instrucción dada en este estudio tiene un propósito muy bien definido; y seguir cada una de ellas con seguridad valdrá la pena.

5. Se te pedirá que marques ciertas palabras clave en el libro de Apocalipsis. Con este propósito tienes los lápices y el bolígrafo de colores. Si desarrollas el hábito de marcar de esta manera tu Biblia, notarás una significativa diferencia en la eficacia de tu estudio y en cuánto puedes recordar de él.

Una **palabra clave** es una palabra importante, usada repetidamente por el autor, a fin de comunicar eficazmente su mensaje al lector. Ciertas palabras clave irán revelándose a través de todo el libro, y otras estarán concentradas en capítulos específicos o en segmentos del libro. Cuando marques una palabra clave, marca también sus sinónimos (las palabras con igual significado en ese contexto) y los pronombres (*él, ella, su, esto, nosotros, ellos, nuestro, vuestro, de ellos*) de igual forma que lo haces con esa palabra clave.

Marcar palabras para su fácil identificación puede hacerse con colores o símbolos, o con una combinación de ambos. Sin embargo, los colores son más fáciles de distinguir que los símbolos. En caso de usar símbolos, procura hacerlos de la manera más sencilla posible. Por ejemplo, colorea la palabra *arrepentirse* de color amarillo, pero dibuja una línea roja de esta manera: **arrepentirse**. El símbolo comunica el sentido de la palabra.

Cuando marcas uno de los miembros de la trinidad (aunque no siempre se marcan), coloréalo de amarillo. Pero además, usa un bolígrafo púrpura y marca al Padre con un triángulo de la siguiente manera: **Dios**, simbolizando la trinidad. Marca al Hijo de la siguiente manera: **Jesús**. Y al Espíritu Santo de esta manera: **Espíritu Santo**.

Deberías elaborar un código de colores para marcar las palabras clave a través de toda tu Biblia, de esta manera cuando la lees puedes encontrar rápidamente donde están las palabras clave.

Cuando empiezas a marcar palabras clave, resulta fácil olvidarse cómo fue que las marcaste; para evitar esto puedes utilizar una tarjeta índice, y escribir allí las palabras clave. Marca las palabras de igual manera que planeas marcarlas en tú Biblia, y usa la tarjeta como un separador de páginas. Puedes hacer un separador que incluya todas las palabras que marcarás a través de toda la Biblia, y otro para el libro específico de la Biblia que estás estudiando.

6. Al final de este estudio encontrarás el cuadro llamado Panorama de Apocalipsis. A medida que vayas completando el estudio de cada capítulo, anota su tema principal bajo el número del capítulo correspondiente. El tema principal de un capítulo refleja los hechos más importantes de ese capítulo. Puede tratarse de un acontecimiento, un tema en particular o una enseñanza.

Si vas llenando el cuadro Panorama de Apocalipsis, a medida que avanzas en el estudio, cuando termines de estudiar tendrás un completo resumen del libro. En caso de que tengas la *Biblia de Estudio Inductivo*, en ella encontrarás ese mismo cuadro. Si vas anotando allí los temas de los capítulos, siempre los tendrás listos como referencia.

7. Nunca comiences tu estudio sin haber orado primero. Mientras cumples tu parte en procurar manejar la Palabra de Dios en forma precisa, deberás recordar siempre que la Biblia es un libro divinamente inspirado. Las palabras que estás leyendo son

verdad, dadas por Dios para que puedas conocerle a Él y a Sus caminos más íntimamente.

Pero Dios nos las reveló por medio del Espíritu, porque el Espíritu todo lo escudriña, aún las profundidades de Dios. Porque entre los hombres, ¿quién conoce los pensamientos de un hombre, sino el espíritu del hombre que está en él? Asimismo, nadie conoce los pensamientos de Dios, sino el Espíritu de Dios. (1Corintios 2:10,11)

Por lo tanto, pídele a Dios que te revele Su verdad mientras te dirige y guía a toda verdad. Y de seguro Él lo hará, si tú se lo pides.

8. Cada día que termines la lección, medita acerca de lo que viste. Pregúntale a tu Padre Celestial cómo debes vivir con respecto a las verdades que has estudiado. Probablemente, y dependiendo de cómo Dios te haya hablado, tal vez desearás registrar estas "Lecciones para la Vida" en el margen de tu Biblia junto al texto que has estudiado. Simplemente coloca "LPV" y procura ser lo más breve que puedas anotando esa lección que quieres recordar.

Los libros incluidos en la Nueva Serie de Estudio Inductivo son cursos generales. Si tu deseo es el de estudiar en una forma más profunda, te sugerimos que hagas un estudio bíblico de Precepto sobre Precepto. Puedes obtener más información sobre estos cursos llamando a Ministerios Precepto Internacional al 800-763-8280, visitando www.precept.org, o contactando a la oficina de Precepto en tu país.

$\mathcal{A}$POCALIPSIS

*I*NTRODUCCIÓN AL *L*IBRO DE *A*POCALIPSIS

De todos los libros de la Biblia, ninguno ha causado más interés, curiosidad, o desacuerdo que el libro de Apocalipsis. De los 66 libros que componen la Palabra de Dios, éste es el que promete bendiciones especiales para quien lo lea y para aquellos que escuchen y guarden sus palabras.

Pero, ¿cómo podemos guardar algo que no conocemos o entendemos? ¿Acaso no es el libro de Apocalipsis, un libro que no puede llegarse a entender? Algunos dirán que sí. Otros te aconsejarán que te mantengas alejado de él. Y después de todo, si los eruditos no se ponen de acuerdo, ¿cómo puede la gente laica, común y corriente, esperar descifrar sus misterios?

Creemos que detrás de todo este misterio y controversia se encuentra un enemigo común: la serpiente antigua llamada Diablo y Satanás. Y teniendo el título de "príncipe de este mundo", ¡qué tonto sería al no hacer todo lo posible para disuadirte de estudiar el libro que claramente muestra la desaparición de su reino y el triunfo final de Aquel a quien tan injustamente acusó! Lo que se había perdido—y que permaneció perdido durante milenios— cuando Adán y Eva escucharon su mentira, finalmente es restaurado en el libro de Apocalipsis. ¡Apocalipsis es el resto de la historia!

Las palabras de Apocalipsis son fieles y verdaderas, y por tanto dignas de nuestro estudio y comprensión. Te garantizamos que sí podrás entenderlo, si usas tus sentidos espirituales para discernir lo que el Señor dice acerca de las cosas que pronto habrán de suceder.

Este curso inductivo, de forma general, te permitirá establecer una base sólida y crítica; una base sobre la que podrás construir; un fundamento que te mantendrá y te sostendrá durante los terremotos y tormentas causadas por cualquier viento de doctrina y astucia humana; un fundamento que te dará confianza frente a la controversia, ya que verás por ti mismo los "así dice el Señor" respecto a las cosas que habrán de suceder.

Para realmente apreciar Apocalipsis (¡lo cual es posible!), primero deberías estudiar el libro de Daniel en La Nueva Serie de Estudio Inductivo *El Plan Perfecto de Dios para la Profecía Bíblica*. Daniel nos da el panorama de la profecía, el plan general; mientras que Apocalipsis completa los detalles. Por lo tanto, deberías considerar realizar primero el estudio de Daniel.

Descubriendo
el Futuro

Durante tu estudio de este libro, te animamos a que dejes de lado cuanto hayas oído con respecto al libro de Apocalipsis. Acércate a este libro con un enfoque inocente—dejando de lado las ideas preconcebidas. Simplemente mira lo que el texto te está diciendo. Deja que la Palabra hable por sí misma; de esta forma te beneficiarás enormemente de las bendiciones que recibirás al estudiar Apocalipsis inductivamente.

Primer día

Lee el capítulo 1 de Apocalipsis. Fíjate quién escribió el libro y a quién fue escrito. Pronto notarás que las referencias de tiempo son extremadamente importantes en el libro de Apocalipsis. Te sugerimos que marques cada frase de tiempo con el símbolo de un reloj, tal como se recomienda en la sección "Cómo Empezar" de este libro. Tal vez quieras repasar los ejemplos de las frases de tiempo que están en esa sección, o prefieras desarrollar tu propio sistema de marcas. El repasar las instrucciones podrá ayudarte a no saltar frases importantes que son clave para el entendimiento.

Registra tus observaciones sobre quién escribió Apocalipsis y a quién fue escrito, en el cuadro PANORAMA DE APOCALIPSIS (página 133).

¿Qué viste sobre los que leen el libro de Apocalipsis? ¿Son bendecidos tan solo por leerlo? Lee también Apocalipsis 22:7.

17

En tu cuaderno, anota lo que observas.

~~~~~

SEGUNDO DÍA

Lee Apocalipsis 1 otra vez. Necesitarás leer este capítulo varias veces, porque contiene mucha verdad que querrás absorber.

Ahora lee Apocalipsis 1:1,2 y estudia detenidamente cómo el autor recibe esta revelación. ¿De qué es la revelación? No estás buscando quien dio la revelación, sino qué es lo que va a ser revelado. A propósito, la transcripción literaria en griego de la palabra Apocalipsis es *"apokalupsis*"* y significa "una revelación." De acuerdo a Apocalipsis 1:1,2 ¿Qué es lo que se va a revelar?

Ahora, en tu cuaderno, dibuja un diagrama/bosquejo que represente cómo surgió este libro. Piensa en el proceso y dibújalo —aunque no te salga muy bien. Entendemos si no te sientes un gran artista; pero créenos, el dibujar el proceso te ayudará tremendamente aunque lo hagas usando tan solo líneas o palitos.

En este primer capítulo se le indica al autor que escriba tres cosas. Ponlas en una lista en tu cuaderno, y anota el versículo correspondiente al lado de cada una. A medida que avances en el estudio harás numerosas listas de información pertinente al estudio. Te sugerimos que siempre anotes junto a la información, el capítulo y versículo donde encontraste tus observaciones. Esto servirá para referencia futura. Cuando vuelvas a repasar tu lista, el tener la "dirección" de tu observación te será de mucha ayuda. Piensa también cómo organizar tus observaciones en el cuaderno.

---

* De vez en cuando miraremos la definición de una palabra en el griego. Ya que el Nuevo Testamento fue escrito inicialmente en el griego Koine, a veces es provechoso volver al griego para ver el significado original de una palabra. Siempre usaremos la transcripción al español de una palabra griega. Es decir, los equivalentes del alfabeto español para las letras en griego. Hay muchos instrumentos de estudio que te ayudarán si deseas profundizar. Un libro excelente que te ayudará a entender cómo hacer estudios más a fondo es *"Cómo Estudiar tu Biblia"*

Una forma es organizando tus notas por capítulos—así que puedes dividir tu cuaderno en 22 secciones y titular cada segmento por capítulo. Sin embargo, recuerda que harás listas a través de todo el libro, así que deja una sección lo suficientemente grande para anotarlas.

⁌∽∾⁌

TERCER DÍA

Antes de comenzar, haz un separador de páginas para anotar las palabras clave y/o frases que se te pedirá marcar en los capítulos 1-3. Más adelante harás otro separador para usar en el estudio de los capítulos 4-22. Algunas de las palabras que anotarás hoy en el separador deberás transferirlas después al separador de los capítulos 4-22, pero la mayoría de estas palabras se concentrarán en los capítulos 1-3. Si no estás seguro de cómo hacer un separador, fíjate en la sección "Cómo Empezar", al principio de este libro.

Hoy queremos ver lo que dice Apocalipsis 1 con respecto a Jesucristo. Por lo tanto, léelo y marca cada referencia a Jesucristo. Ya que también marcarás cada referencia al Padre y al Espíritu durante los días 4 y 5, si no tienes un modo particular de marcar al Padre, Hijo y Espíritu, permítenos hacerte una sugerencia. Ya que los tres son uno, en carácter y atributos, y ya que cada uno es Dios, podrías marcar Su unidad usando un triángulo.

Podrías marcar a Dios Padre con un triángulo de esta manera: **Dios**; Dios Hijo así: **Jesús,** y Dios el Espíritu así: **Espíritu.** Así que anota estas palabras en tu marcador y coloréalas allí de la manera que piensas hacerlo en tu Biblia.

Ahora, lee el capítulo y marca o colorea cada referencia a Jesucristo. No te olvides de marcar los pronombres o sinónimos que se refieran a Él. Por ejemplo, *Hijo del Hombre* es sinónimo de Jesús. Si no leíste cómo marcar las palabras clave, en la sección "Cómo Empezar", detente y léela para que puedas entender cómo hacerlo.

Marca las referencias a la venida de Jesucristo con una forma diferente. Asegúrate que las referencias que marques sean de Su venida. Cuando estudies otros libros de la Biblia, marca de la misma forma todas las referencias a Su segunda venida, para que siempre puedas identificarlas de un solo vistazo (dado que estas referencias son variadas, no podemos darte las frases específicas, ¡pero de seguro las verás!)

Otra vez, lee cuidadosamente Apocalipsis 1. Y esta vez examina el texto basándote en las seis preguntas básicas (Qué, quién, cómo, cuándo, dónde, y por qué). Hazte preguntas como: ¿Qué aprendo de Jesucristo? ¿Quién es Él? ¿Cómo es descrito? ¿Dónde está? ¿Qué está haciendo?

CUARTO DÍA

Lee Apocalipsis 1 y marca cada referencia a Dios. Entonces, en tu cuaderno, haz un cuadro con tres títulos: JESUCRISTO, DIOS y el ESPÍRITU SANTO. Haz una lista de todo lo que aprendas en este capítulo acerca de Dios. Asegúrate de reservar varias páginas para este cuadro, ya que irás agregando a esta lista a lo largo del estudio. Recuerda anotar el capítulo y versículo al lado de tu observación.

Ahora, agrega a tu lista todo cuanto aprendiste al marcar las referencias a Jesús en el Tercer Día.

QUINTO DÍA

Lee otra vez Apocalipsis 1, y esta vez marca cada referencia al Espíritu. Marca la referencia a los *siete Espíritus* de la misma manera que marcas *Espíritu*. Agrega esta frase en tu separador de páginas. Cuando termines, presta atención a lo que aprendes sobre Espíritu en base a tu cuadro.

Cuando estudies Apocalipsis y observes algo acerca de cualquier miembro de la Divinidad, anótalo en tu cuadro.

✍

SEXTO DÍA

¿Cuál crees que es el tema de Apocalipsis 1? (el tema es el asunto que se trata con mayor frecuencia en el capítulo). Anota este tema en el cuadro de PANORAMA DE APOCALIPSIS (página 133).

Ahora lee Apocalipsis 1:19, donde verás que a Juan se le dice que escriba acerca de tres cosas:

1. "las cosas que has visto" [1]
2. "las que son" [2]
3. "las que han de suceder después de éstas" [3]

Ahora lee Apocalipsis 4:1. ¿Qué ves en este verso que se relacione con Apocalipsis 1:19? Razonemos juntos. Basándonos en lo que observaste, ¿cómo dividirías el libro de Apocalipsis (por capítulos) observando las tres partes listadas arriba? ¿Dónde encaja Apocalipsis 1? ¿Dónde encaja Apocalipsis 4:1? ¿Puedes concluir dónde encajan Apocalipsis 2 y 3, en la estructura del libro de Apocalipsis? Anota tus observaciones junto a estas tres frases haciendo referencia al capítulo correspondiente. Este análisis te brindará un bosquejo del libro de Apocalipsis.

Ahora lee rápidamente Apocalipsis 2 y 3, y de esta manera podrás ver de qué trata el capítulo.

✍

SÉPTIMO DÍA

Guarda en tu corazón: Apocalipsis 1:1-3,19.
Lee y discute: Apocalipsis 1:1-3, 9-20.

PREGUNTAS PARA DISCUSIÓN O ESTUDIO INDIVIDUAL

∾ Basándote solamente en lo que has aprendido de Apocalipsis 1, ¿de qué se trata este libro?

ᴗ ¿Para quién es el libro de Apocalipsis? ¿A dónde debía ser enviado? Registra detalles de cómo fue dado el libro de Apocalipsis a las siete iglesias de Asia. Mientras lo discutes, haz que el grupo comparta cómo dibujaron la progresión de eventos mostrados en Apocalipsis 1:1, 2.

ᴗ ¿Cómo se divide el libro de Apocalipsis (las subdivisiones)? En otras palabras, ¿qué debía escribir Juan, y cómo cubren los capítulos de este libro estas tres cosas?

ᴗ ¿Qué promesa está conectada con este libro? ¿Con qué condición? ¿Piensas que esta promesa se aplica hoy, o solo fue válida en la época de Juan? ¿Por qué?

ᴗ ¿Qué aprendes acerca de Jesucristo en este capítulo? Pide que el grupo se fije en el cuadro que tienen en sus cuadernos.

ᴗ ¿Aprendiste algo nuevo acerca de Jesucristo? ¿Qué?

ᴗ ¿Qué aprendiste de Jesús, que pueda marcar una diferencia en...

    a. ¿Lo que crees de Él?

    b. ¿Cómo vives ahora y lo que haces por Él?

    c. ¿Cómo oras?

    d. ¿Cómo lo alabas?

ᴗ ¿Cuál es el misterio de los siete candelabros y las siete estrellas? ¿Cómo lo sabes?

ᴗ ¿Crees que debemos estudiar las profecías? O ¿crees que el estudio de la profecía es restringido para que lo discutan los eruditos? ¿Cuál es el beneficio de estudiar las profecías? Lee y discute Apocalipsis 19:10.

PENSAMIENTO PARA LA SEMANA

Amós 3:7 dice "Ciertamente el Señor Dios no hace nada sin revelar su secreto a sus siervos los profetas." Dios no quiere dejarte en oscuridad con respecto al futuro, amado hijo de Dios. El futuro te puede dar mucho miedo si no conoces lo que viene y Quién está en control. Por esto, Él te ha dado la Palabra de Dios donde encontrarás Su completo consejo, no sólo en cuanto a lo que debes creer y cómo debes vivir, sino también con respecto a lo que el futuro traerá.

Todo está en la Biblia, para que tú puedas saberlo. No importa quién seas o el nivel de educación que tengas; si en verdad eres hijo de Dios, entonces tienes en ti el Espíritu de Dios que te guiará a toda verdad. Él hará eso si tú haces tu parte. Y ¿Cuál es tu parte? Es leer y guardar la Palabra de Dios.

Has tenido un excelente comienzo; continúa así. No dejes que nadie te impida saber y entender "las cosas que deben suceder pronto" (Apocalipsis 1:1). Ellas han sido presentadas para ti en el libro de Apocalipsis. En el capítulo 1, Juan anota las cosas que vio cuando Jesús estaba en Su magnificencia entre los siete candelabros. Entonces, en los capítulos 2 y 3, Juan anota los mensajes de Jesús dados a las siete iglesias que existían en Asia en ese momento. Finalmente, en los capítulos 4-22 de Apocalipsis, Juan anota las cosas que deberán suceder después de éstas.

Estudia bien, y no estarás en oscuridad con respecto al futuro y las cosas que pronto deben suceder.

Qué le Pasó a Tu Primer Amor

~~~~~

PRIMER DÍA

Lee Apocalipsis 2 y anota lo que se le dice a Juan que haga y a quién se lo debe hacer. Agrega las siguientes palabras en tu separador de páginas: *trono, arrepiéntete, conozco tus obras*[4]*, el que tiene oído*[5]*, y que oiga lo que el Espíritu dice a las iglesias*[6]. Luego, marca las palabras clave o las frases que se encuentren registradas en tu separador de páginas. No olvides marcar los pronombres relacionados con las palabras clave.

SEGUNDO DÍA

Ya que estás a punto de comenzar el estudio de los mensajes de Jesús "a las siete iglesias que están en Asia", te daremos una breve descripción de cada una de estas ciudades. Lee la descripción de cada ciudad antes de realizar la asignación que le sigue. Mientras trabajas, ten en cuenta lo que lees acerca de cada ciudad.

Asegúrate de marcar el saludo a cada iglesia, o sea *"al ángel de la iglesia en... escribe"*[7]. Marca todos los saludos de la misma forma; marca también cada promesa dada al vencedor, por ejemplo *vencedores, o al vencedor*[8] de la misma forma, pero con un color

25

distinto al que usaste para el saludo. Agrega las frases del saludo y las promesas a tu separador.

Mientras lees los versículos relacionados con cada una de las siete iglesias, busca la siguiente información y anota lo que aprendas con respecto a cada iglesia en el cuadro LOS MENSAJES DE JESÚS A LAS IGLESIAS que encontrarás en las páginas 44-49 (Si no tienes suficiente espacio en este cuadro, realiza tu propio cuadro en el cuaderno).

   a. Descripción de Jesús

   b. Elogio a la iglesia

   c. Amonestación dada a la iglesia

   d. Advertencias e instrucciones para la iglesia

   e. Promesa para los vencedores

Ahora lee la descripción de Éfeso. Después lee Apocalipsis 2:1-7 observando el texto según las instrucciones de arriba.

Éfeso

Dado que Éfeso era el puerto principal de Asia, ubicado en una ruta principal que conducía a varias ciudades principales, estaba bien conectado con el mundo exterior. Esta ciudad portuaria era la sede de varios templos romanos donde florecían muchos cultos. La iglesia no solo estaba bajo continua presión para que se amoldara con la idolatría de esos cultos, sino que también estaba expuesta a la fuerte influencia del mundo (pues la conveniente ubicación de la ciudad atraía a muchos turistas).

¿Qué le paso a Éfeso? ¿Qué se les manda que hagan? ¿Qué relación ves entre la reprobación y la promesa dada a los vencedores? ¿Cómo se relacionan?

~~~~~

Tercer Día

A pesar de que vemos a Jesús amenazando a Éfeso con removerle el candelabro, notarás al estudiar las otras seis iglesias que Él no amenaza con hacer lo mismo a ninguna de ellas.

"Dejar el primer amor" debe retrasar seria y críticamente el propósito de la iglesia. Por lo tanto, busca los siguientes versículos y observa lo que aprendes que se relacione con tu "primer amor" y lo que significa dejar ese "primer amor". Busca la palabra "amor" y nota lo que aprendes acerca del amor en estos pasajes. Apunta los versículos y tus observaciones en tu cuaderno.

a. Deuteronomio 30:15-20

b. Marcos 12:28-34

c. 1 Juan 5:1 (nota la relación entre amar a Dios y amar a otros)

d. 1 Corintios 13:1-13 (nota la relación entre el amor, los dones y las obras de una persona)

e. Hechos 2:41-47; 4:32-35 (nota lo que caracteriza la vida de los creyentes). Estas referencias hablan de ellos, después que vinieron a creer que Jesús era el Cristo, el Hijo de Dios.

Ahora, amado hijo de Dios, dedica tiempo para examinar tu relación con el Señor con respecto a lo que has aprendido. ¿Has dejado, o estás en peligro de dejar tu primer amor? De ser así, necesitas recordar de dónde has caído, arrepentirte (cambiar tu forma de pensar de manera que te lleve a cambiar también de dirección), y hacer las obras que hiciste al principio.

ᜀᜀᜀ

Cuarto día

Esmirna

La ciudad de Esmirna estaba tan dominada por la adoración del emperador romano que era obligatorio que cada ciudadano adorara públicamente al emperador a través del acto "voluntario" de quemar incienso al César. La consecuencia inmediata de desobedecer este mandato era la muerte. Policarpo es un reluciente ejemplo de alguien fiel hasta la muerte cuando fue quemado en la hoguera por negarse a rechazar a su Dios y entregarse a la ley. Los creyentes de Esmirna estaban bajo la intensa presión de conformarse a la sociedad.

Lee Apocalipsis 2:8-11 y marca las palabras clave y frases registradas en tu separador de páginas. Asegúrate de enfocarte en todo lo que veas acerca de la iglesia de Esmirna. Consulta la lista dada en el Segundo Día sobre todo lo que tienes que ver cuando estudias cada iglesia. Asegúrate de no pasar por alto la referencia a tiempo dada en el versículo 2:10.

Ahora anota tus observaciones de la iglesia de Esmirna en el cuadro Los Mensajes de Jesús a las Iglesias (páginas 44-49).

Piensa en la advertencia que se le da a esta iglesia en cuanto a lo que viene en el futuro. Recuerda también la promesa que les espera si se mantienen fieles hasta la muerte.

¿Se le hizo algún reproche a esta iglesia? Piensa en la razón de ello. ¿Conoces algunas iglesias en la actualidad que estén pasando por las mismas cosas que Esmirna soportó? ¿Cómo les ayudaría este mensaje? Anota esas ideas en tu cuaderno.

Quinto Día

Pérgamo

Pérgamo no solo era considerado un centro intelectual, por haber sido la primera ciudad en erigir un templo al emperador de Roma, sino que también era percibida como una ciudad progresista. No solo alardeaba de tener una biblioteca con más de 200,000 libros, la cual la colocaba en segundo lugar con respecto a la biblioteca de Alejandría, sino que también era sede del altar de Zeus, cuya vista se dirigía a la ciudad. Como centro de adoración pagana y como capital administrativa de la provincia romana de Asia, la gente acudía en forma masiva a los festivales que tenían lugar en los templos y se saciaban con las comidas ofrecidas a los ídolos y con la promiscuidad sexual. Mientras la decadencia corrompía la ciudad hasta los huesos, y la fortaleza de Satanás crecía, la presión a comprometerse y adaptarse a la adoración de los ídolos romanos y deidades griegas aumentaba de gran manera sobre la iglesia.

Apocalipsis 2:12-17 nos da el mensaje a la iglesia de Pérgamo. Repite el mismo proceso que has venido siguiendo en el estudio de las dos primeras iglesias, marcando las palabras clave que tienes en tu separador y completando el cuadro Los Mensajes de Jesús a las Iglesias (páginas 44-49).

¿Encuentras paralelos entre los problemas de la iglesia de Pérgamo y el estado de las iglesias en nuestra sociedad? ¿Qué aprendes de este pasaje que puedas aplicarlo en la actualidad?

ৡ৴৾৻

SEXTO DÍA

Tiatira

Tiatira era una ciudad que alardeaba de tener muchos artesanos expertos que pertenecían a distintos gremios. El poder de los gremios estaba en su habilidad de forjar los artículos más hermosos e intricados de bronce y otros materiales, y en el hecho de que sus trabajos llegaron a monopolizar el mercado. Sus artículos eran prominentes en los círculos comerciales, y eran piezas centrales en la mayor parte de la adoración a ídolos en los templos paganos. A causa del dominio que tenían los gremios, el éxito de cualquier artesano dependía de a qué grupo perteneciera.

Dado que los gremios llegaron a fortalecerse mucho con las ventas de instrumentos a los templos, se volvieron extremadamente activos en la adoración de ídolos. Y, puesto que la mayor parte de su sustento dependió de la adoración pagana, a fin de proteger su bienestar financiero, los gremios se enfocaron en presionar a la iglesia tratando de comprometerla a participar en las mismas prácticas.

Lee Apocalipsis 2:18-19. Marca las palabras y frases clave, y anota cualquier información pertinente en el cuadro LOS MENSAJES DE JESÚS A LAS IGLESIAS (páginas 44-49).

En Pérgamo había muchas enseñanzas erróneas. En Tiatira *toleraban a una profetisa* (que no solo guiaba a los siervos de Jesús a la inmoralidad, sino también a comer cosas sacrificadas a los ídolos – los dos mismos pecados mencionados en la carta a Pérgamo).

¿Qué aprendes del mensaje de Jesús a esta iglesia, con respecto a la tolerancia de alguien semejante? ¿Es frecuente este tipo de problemas, en alguna iglesia que conozcas? ¿Cómo debería responder la iglesia ante este tipo de incidente? Piénsalo y vive como corresponde.

Elige el tema del capítulo 2 y anótalo en el cuadro PANORAMA GENERAL DE APOCALIPSIS que está al final del libro.

No te olvides de agregar cualquier observación que hayas obtenido sobre Dios, el Espíritu y Jesús en el cuadro que empezaste la Primera Semana.

ᏬᏗᏜ

SÉPTIMO DÍA

Guarda en tu corazón: Apocalipsis 2:4,5.

Lee y discute: Apocalipsis 2 – una iglesia a la vez. Si el tiempo de discusión es suficiente, discute Éfeso (2:1-7) y cualquier otra parte específica del capítulo, que el Señor ponga en tu corazón para tu grupo.

PREGUNTAS PARA DISCUSIÓN O ESTUDIO INDIVIDUAL

∾ ¿Por qué crees que Jesús termina cada mensaje a las iglesias con "El que tiene oído, oiga lo que el Espíritu dice a las iglesias"?

   a. ¿Qué te dice esa conclusión sobre cada mensaje? ¿Estará dirigida solamente para esa iglesia?

   b. ¿Estos mensajes son enviados por separado o como parte de "un libro"?

   c. ¿Crees que Apocalipsis 2 tiene un mensaje para el lector de hoy?

∾ Discute lo que anotaste en el cuadro LOS MENSAJES DE JESÚS A LAS IGLESIAS con respecto a las iglesias en Apocalipsis 2.

∾ ¿Cuál fue el mayor problema de la iglesia de Éfeso?

    a. ¿Cuán serio fue el problema?

    b. ¿Qué crees que signifique dejar tu "primer amor"? ¿Qué aprendes de las Escrituras que leíste en el Tercer Día?

    c. ¿Cuál es la cura para poder recuperar tu primer amor? ¿Cómo cuadra esta situación con lo que tú piensas que significa dejar tu primer amor?

∾ ¿Qué aprendes del arrepentimiento y las obras, en el estudio de esta semana?

    a. Fíjate en cada aparición de la palabra *obras* [10] en el capítulo 2 y discute lo que observas.

    b. Fíjate cada vez que aparece la palabra *arrepentimiento*. ¿La falta de arrepentimiento, trae consecuencias?

∾ ¿Cómo te ha hablado el Señor, de manera personal, en tu estudio de esta semana? ¿Qué mensaje en particular ha conmovido tu corazón? ¿Por qué? ¿Qué vas a hacer con respecto a lo que Él te ha dicho?

PENSAMIENTO PARA LA SEMANA

Es tan fácil entrar en la rutina del cristianismo – sirviendo al Señor por obligación hasta que se pierde el fervor y la sacrificada dedicación del amor. El Cristianismo puede volverse tan solo una representación sin pasión… y la gente se da cuenta de ello. Y si la gente se da cuenta, ¿no te parece, que Cristo, el Amante de tu alma también lo notará?

¿Crees que Él quiere una relación superficial o una de amor? 1 Corintios 13 nos aclara que si hacemos todo lo correcto – aún si hacemos el sacrificio supremo de dar nuestros cuerpos al martirio por el reino de Dios – sin pasión, sin un corazón de amor, entonces no significa nada ante los ojos de nuestro Dios.

Si el fervor de tu amor, el sacrificio de tu amor, la obediencia de tu amor, disminuye o falla, tienes que detenerte y ver cuándo desapareció, por qué desapareció, y hacer las obras que hiciste al principio. Lee Hechos 2:42-47 y ¡haz lo que hizo la iglesia primitiva! Entonces, verás resplandecer nuevamente las agonizantes brazas del amor en un brillante fuego consumidor.

¿Y Si No Eres un Vencedor?

Primer Día

Lee Apocalipsis 3, marcando las palabras clave de tu separador.

Segundo Día

Hoy seguiremos mirando las siete iglesias.

Sardis

Sardis, la ciudad principal de Lydia, estaba ubicada en el cruce de las carreteras que unían Éfeso, Pérgamo, y Esmirna con el interior de Asia Menor; y estaba situada sobre un valle entre acantilados casi impenetrables. En esta posición, la Necrópolis, un cementerio famoso conocido en todas partes de la región, podía ser vista a más de 11 kilómetros de distancia. La ciudad era famosa no solo por la prosperidad de sus industrias de tintura y lana, sino también por sus bellas artes. Sardis pasó a ser el primer centro en acuñar monedas de oro y plata (quizá porque Pactolu, el río que fluía a través de la ciudad, constituía una fuente natural de oro).

35

La temprana prosperidad de la ciudad la hizo famosa por su riqueza. A pesar que la ciudad estaba protegida de las invasiones por la naturaleza que la rodeaba, fue conquistada en el año 546 a.C. por ejércitos que escalaron el acantilado cobijados por la oscuridad. ¡La misma táctica condujo a una segunda caída en el año 214 a.C. (¡la ciudad no aprendió de su experiencia pasada que debía estar siempre vigilante!)

Lee el mensaje del Señor a la iglesia de Sardis en Apocalipsis 3:1-6 y marca cualquier palabra clave, de las que se encuentran en tu separador, que hayas olvidado marcar el Primer Día.

En este mensaje verás la primera mención de "vestiduras blancas". Todavía no tienes incluida esta frase en tu separador, porque no fue usada en los capítulos 1 y 2; pero deberías marcarla en este capítulo. Marca también la palabra *blanco*, que aparece en 3:4, de la misma forma que marcas *vestidos de blanco*.[11]

Ya que verás aparecer varias de las palabras clave que son usadas en el capítulo 3, a través de los capítulos 4-22, ¿por qué no te detienes y realizas esas marcas ahora mismo? Agrega *vetidos de blanco*.[12] Tendrás que marcar también los sinónimos de *vestidos de blanco*. En el capítulo 3 no aparecen sinónimos excepto por la palabra *blanco*, pero en los demás capítulos sí; por lo tanto, agrégalos a tu separador al lado de *vetidos de blanco* y márcalos de la misma manera. Los sinónimos son *ropa(s) blanca(s)* y *lino fino*.

Ahora completa la sección de la iglesia de Sardis en el cuadro Los Mensajes de Jesús a las Iglesias (páginas 44-49). Nota también lo que aprendes de Apocalipsis 3:1-6 acerca de las *obras*.

Asegúrate de anotar lo que aprendes acerca de los *vestidos de blanco*. Entonces pregúntate si tus obras están completas ante los ojos de Dios. ¿Has hecho una profesión de fe, pero nunca la has llevado a cabo ni has vivido lo que dices creer? ¿Mereces ser llamado "Cristiano"?

_ₛ☙ℚ☙_

TERCER DÍA

Filadelfia

Dado que la palabra griega *filadelfia* significa amor entre hermanos, se cree que su fundador llamó Filadelfia a la ciudad para conmemorar el amor que sentía por su hermano. El distrito era un área de crecimiento de la vid y de producción de vino; y como consecuencia, un centro para la adoración de Dionisio, Dios del vino y de la fertilidad. Los festivales religiosos y los juegos eran parte integral de la cultura. El distrito reposaba sobre una amplia y baja colina, fácil de defender, pero sujeta a muchos desastres naturales. Uno de esos grandes desastres fue el gran terremoto del año 17 d.C. que la destruyó completamente. La ciudad estaba consciente de la temporalidad de la vida debido a esos desastres. Y de la misma manera, la iglesia de Filadelfia estaba familiarizada con las condiciones volátiles e inestables. Tiberio ofreció alivio para esa área, y la ciudad reconstruida voluntariamente asumió el nuevo nombre de Neocesarea.

Hoy veremos el mensaje a la iglesia de Filadelfia en Apocalipsis 3:7-13.

Desde ahora en adelante habrán muchas referencias a *los que habitan sobre la tierra*[13] *(moran en la tierra)*[14] , así que agrega esta frase y estos sinónimos en tu separador. Este grupo se menciona solamente en Apocalipsis; sin embargo, marca estas frases de una manera distintiva para que puedas discernir quién es este grupo y que pasará con ellos. Este proceso te ayudará a ver por qué se distingue a este grupo en el libro.

Fíjate de qué será guardada la iglesia de Filadelfia y por qué. Nota todo lo que observas del texto acerca de "la hora de la prueba"[15] y anótalo en tu cuaderno.

Escribe tus observaciones sobre la iglesia de Filadelfia en el cuadro LOS MENSAJES DE JESÚS A LAS IGLESIAS (páginas 44-49).

¿Qué columna de tu cuadro permanece vacía con respecto a Filadelfia? ¿Te había ocurrido esto, hasta ahora, con alguna de las otras cartas a las iglesias? ¿Por qué piensas que es así para estas iglesias?

ﻬﻬ

CUARTO DÍA

Laodicea

Siendo la ciudad principal de la provincia de Frigia, y estando situada en la ruta mayor del trueque, Laodicea alardeaba de tener una gran cantidad de bancos. La ciudad no solo se reconocía por su gran riqueza, sino también por las ropas y alfombras tejidas con la lana rica, lustrosa y negra producida en su valle. La ciudad era sede de una escuela de medicina que producía un bálsamo para los ojos. Sin embargo, y a pesar de toda su prominencia y riqueza, la ciudad carecía de un recurso vital – carecía de agua. El agua que venía del sur y de muy lejos, procedente de termas calientes, era conducida por tuberías de piedra y llegaba tibia a la ciudad. Cuando la ciudad fue destruida por el devastador terremoto del año 60 d.C., debido a su gran riqueza, pudo renovar el apoyo de Nerón y reconstruirse.

Apocalipsis 3:14-22 contiene el mensaje a la última de las siete iglesias de Asia. Lee cuidadosamente estos versículos, marca las palabras clave, y entonces anota todo lo que entiendes en el cuadro LOS MENSAJES DE JESÚS A LAS IGLESIAS (páginas 44-49).

Mientras lees esta carta, fíjate en todos los paralelos que hay entre lo que sabes históricamente acerca de la ciudad y en cómo esos hechos incrementan tu entendimiento de lo que nuestro Señor le dice a esa iglesia en particular.

¿Qué aprendes de este mensaje acerca de ser tibio y de cómo curarlo?

Identifica y anota el tema de Apocalipsis 3 en tu cuadro PANORAMA GENERAL DE APOCALIPSIS.

QUINTO DÍA

¿Cuán seria era la advertencia de nuestro Señor y la promesa a los vencedores? ¿Cómo se aplica en nuestros días? Queremos explorar estas preguntas en los próximos dos días. Para contestar necesitarás repasar lo que viste en Apocalipsis 2-3, y también ver el capítulo 21, además de considerar la referencia cruzada en 1 Juan.

Recuerda que la Escritura es la mejor intérprete de sí misma, porque la Palabra de Dios nunca se contradice. La Palabra se explica cuando consideras todo lo que dice de un tema, ayudándote a ver un panorama completo del mismo. Cuando en tus estudios veas las referencias cruzadas, te aconsejamos que las anotes en el margen de tu Biblia junto al texto apropiado del libro que esté bajo tu observación. Esto te ayudará a recordar la ubicación de un pasaje que te de claridad o tenga relación con lo que estás estudiando. También te ayudará cuando no tengas tus notas a mano, porque tus notas estarán también en tu Biblia.

Vuelve al capítulo 2 y observa cada lugar donde hayas marcado: *al que venciere o al vencedor*. Presta atención a lo que veas en el texto y anota tus observaciones en el cuadro LA PROMESA DE JESÚS A LOS VENCEDORES en la página 41.

SEXTO DÍA

Lee hoy Apocalipsis 3 y sigue el mismo procedimiento de ayer observando la frase *al vencedor*. Ubica esta información en el cuadro LA PROMESA DE JESÚS A LOS VENCEDORES en la página 41. También lee Apocalipsis 21:1-8 y escribe en tu cuaderno lo que observas. Entonces, cuando hayas terminado, mira lo que anotaste. ¿Cuáles son tus observaciones hasta ahora respecto a los vencedores?

Considera 1Juan 5:4, 5 y anota lo que aprendes de este pasaje con respecto a los vencedores, al final del cuadro de la página 41 debajo del título LO QUE JUAN ENSEÑA SOBRE LOS VENCEDORES. Recuerda que 1Juan y Apocalipsis fueron escritos por el apóstol Juan. ¿Cómo se compara 1Juan 5:4, 5 con lo que has visto sobre los vencedores en Apocalipsis? Piénsalo.

Tal vez pensaste que "los vencedores" era un grupo selecto de cristianos, y que una persona podía ser un cristiano genuino sin ser un vencedor. Basado en lo que has observado esta semana, ¿Esta forma de pensar será correcta?

No te apoyes en tu propio entendimiento; escucha y cree la Palabra de Dios. Piénsalo detenidamente: Si éstas son las recompensas por ser un vencedor, entonces ¿cuáles serían las consecuencias de no ser un vencedor? ¿Podrían sufrir esas consecuencias, aquellos que verdaderamente son hijos de Dios?

Agrega al cuadro que empezaste al principio de la Semana 1, cualquier observación nueva acerca de Dios, Espíritu y Jesús.

SÉPTIMO DÍA

Guarda en tu corazón: Apocalipsis 3:10 y/o 1Juan 5:4, 5.

Lee y discute Apocalipsis 3.

La Promesa de Jesús a los Vencedores

Lo Que Debemos Vencer	Lo Que Recibiremos Si Vencemos	Lo Que Nos Perderemos Si No Vencemos

Lo Que 1 Juan Enseña Sobre Los Vencedores

PREGUNTAS PARA DISCUSIÓN O ESTUDIO INDIVIDUAL

ᐰ ¿Cómo describirías las iglesias de Sardis, Filadelfia y Laodicea?

ᐰ Discute los que hayas aprendido de las iglesias, incluyendo sus puntos fuertes y/o débiles.

> a. Observa, una a la vez, cada una de las tres iglesias que estudiaste en esta semana. En tu discusión asegúrate de hablar de lo que el Señor recomieda para cada una de estas iglesias.

> b. ¿Te ves reflejado, de cierta manera, en alguna de estas tres iglesias? ¿Cómo? ¿Por qué? ¿Qué necesitas hacer?

ᐰ ¿Cuáles son las dos iglesias que no recibieron palabras de reprobación? ¿Por qué piensas que fue así?

ᐰ ¿Qué iglesia no fue alabada de ningún modo? ¿Por qué?

ᐰ ¿Qué aprendes de los vencedores? ¿Todos los cristianos verdaderos son vencedores o solo un grupo selecto? Pide que el grupo justifique sus respuestas con bases bíblicas. Pregunta continuamente: "¿Qué dice la Palabra de Dios?" y aférrate a eso en vez de usar tu propia razón. Habla de las consecuencias de no vencer y, por consiguiente, del abandono de las promesas dadas a los vencedores.

ᐰ ¿Cuál ha sido la manera más impactante en la cual Dios te hablado en las últimas dos semanas?

PENSAMIENTO PARA LA SEMANA

Tal vez hayas profesado el cristianismo, pero, ¿tienes la convicción de que posees a Cristo – de tener una relación con Él, y no una religión basada en Él? ¿No te es obvio, al leer Apocalipsis

2 y 3, que no todos los que estaban relacionados con estas iglesias eran creyentes genuinos? No todos eran vencedores porque "lo que es nacido de Dios vence al mundo; y ésta es la victoria que ha vencido al mundo – nuestra fe. ¿Quién es el que vence al mundo, sino el que cree que Jesús es el hijo de Dios? (1Juan 5:4, 5).

A través del tiempo, nuestros trabajos y estilos de vida, dan testimonio de lo que realmente profesamos. Sí, un hijo de Dios puede pecar; pero el pecado como algo rutinario demuestra que no somos hijos de Dios:

> "Hijos míos, que nadie los engañe. El que practica la justicia es justo, así como Él es justo. El que practica el pecado es del diablo, porque el diablo ha pecado desde el principio. El Hijo de Dios se manifestó con este propósito: para destruir las obras del diablo. Ninguno que es nacido (engendrado) de Dios practica el pecado, porque la simiente de Dios permanece en él. No puede pecar, porque es nacido de Dios. En esto se reconocen los hijos de Dios y los hijos del diablo: todo aquel que no practica la justicia, no es de Dios; tampoco aquel que no ama a su hermano" (1Juan 3:7-10).

Aquellos que verdaderamente pertenecen a Cristo, que creen y le obedecen, son vencedores. Ellos vencen al mundo porque le creen a Dios. Escucha lo que el Espíritu te está diciendo, y haz lo que te pida hacer. Jesús viene, y Su recompensa con Él. Escucha y guarda las palabras del libro de Apocalipsis, y serás bendecido.

Los Mensajes De Jesús a las Iglesias

	Descripción de Jesús	Elogio a La Iglesia	Reprobación dada a La Iglesia	Advertencia e instrucciones para La Iglesia	Promesa a los Vencedores
Éfeso					
Esmirna					

Los Mensajes De Jesús a las Iglesias

Descripción de Jesús	Elogio a La Iglesia	Reprobación dada a La Iglesia	Advertencia e instrucciones para La Iglesia	Promesa a los Vencedores

Pérgamo

LOS MENSAJES DE JESÚS A LAS IGLESIAS

DESCRIPCIÓN DE JESÚS	ELOGIO A LA IGLESIA	REPROBACIÓN DADA A LA IGLESIA	ADVERTENCIA E INSTRUCCIONES PARA LA IGLESIA	PROMESA A LOS VENCEDORES

TIATIRA

Los Mensajes De Jesús a las Iglesias

Descripción de Jesús	Elogio a La Iglesia	Reprobación dada a La Iglesia	Advertencia e instrucciones para La Iglesia	Promesa a los Vencedores

SARDIS

Los Mensajes De Jesús a las Iglesias

Descripción de Jesús	Elogio a La Iglesia	Reprobación dada a La Iglesia	Advertencia e instrucciones para La Iglesia	Promesa a los Vencedores

Filadelfia

Los Mensajes De Jesús a las Iglesias

Descripción de Jesús	Elogio a La Iglesia	Reprobación dada a La Iglesia	Advertencia e instrucciones para La Iglesia	Promesa a los Vencedores

LAODICEA

¿VIVES COMO SI EL FUERA DIGNO?

ㅇㅇㅇㅇ

PRIMER DÍA

El objetivo de hoy es ver un panorama del capítulo 4. Lee el capítulo planteándote las seis preguntas básicas; por ejemplo: ¿Quiénes son los personajes principales? ¿Qué está sucediendo? ¿Dónde sucede? Considera también la importancia de Apocalipsis 4:1 para entender el libro de Apocalipsis.

No dejes pasar la frase de tiempo que encontramos en Apocalipsis 4:1. Dibuja un reloj (o el símbolo que hayas elegido) en el margen de tu Biblia al lado del versículo donde se encuentra la frase *"Después de esto."*[16] Anota también la referencia "Apocalipsis 1:19" en el margen del mismo versículo, ya que Apocalipsis 1:19 es crucial para entender la estructura del libro. Anotarlo aquí te ayudará a tener a tu alcance un bosquejo del libro.

SEGUNDO DÍA

Lee el capítulo 4 otra vez, marcando las palabras clave de los capítulos 4-22 que se encuentran en tu separador. Agrega también a tu separador las palabras *Dios, Espíritu,* y *Jesús.* Recuerda marcar todas las referencias a la deidad – incluyendo los pronombres y sinónimos. No agregues más palabras a tu separador, a menos que se te pida que lo hagas; porque se te haría demasiado difícil de usar. Continuaremos dándote palabras clave específicas al capítulo o porción de este libro, pero no necesitarás agregarlas a tu separador. Hoy marca la palabra *digno* cada vez que aparezca. Verás también que se mencionan los *siete Espíritus*. Asegúrate de marcarlo como lo hiciste en los capítulos 1 y 3.

✐∩◖

TERCER *DÍA*

Hoy, lee otra vez Apocalipsis 4. Marca la palabra trono cada vez que aparezca y agrégala a tu separador. Entonces, de forma que se distinga, marca la frase *al instante estaba yo en el Espíritu.*[17] Las referencias respecto a dónde estaba Juan en el Espíritu o dónde fue llevado en el Espíritu se encuentran en Apocalipsis 1:10; 17:3; y 21:10. Ya has marcado *Espíritu* en el 1:10, pero vuelve a ese versículo y marca la frase *en el Espíritu*. Entonces, toma un momento para marcar del mismo modo las referencias anotadas. Agrega a la lista que tienes en tu cuaderno, cualquier nueva observación acerca del Espíritu.

Comienza en tu cuaderno una sección nueva donde harás, de ahora en adelante, una lista de los acontecimientos de Apocalipsis, capítulo por capítulo. Titula esa sección: LOS ACONTECIMIENTOS DE APOCALIPSIS.

Hacer una sinopsis abreviada de los acontecimientos de cada capítulo de Apocalipsis (desde el 4 al 22) te ayudará a grabar el contenido de este libro en tu mente. Llamaremos a esta lista la LISTA DE ACONTECIMIENTOS. Te daremos un ejemplo para que veas cómo empezar. ¡Piensa lo completa que será esta lista al final del estudio! ¡Qué estupendo resumen del libro tendrás!

LOS ACONTECIMIENTOS DE APOCALIPSIS

UBICACIÓN	CAPÍTULO	ACONTECIMIENTOS
(En el cielo)	4	Juan es llevado y se le muestra lo que debe suceder después de estas cosas. Allí él ve el trono de Dios con los 24 ancianos sentados en los 24 tronos. Hay siete Espíritus ante el trono, y cuatro seres vivientes alrededor del mismo.
	5	Todos dicen "Santo" a Dios porque Él creó todas las cosas y ellas existen porque es Su voluntad.

A propósito, ¿notaste cuánta alabanza hay en el capítulo 4? Esto dice muchísimo acerca del cielo y de las prioridades allí. Piensa en el contraste que hay entre lo que está pasando en el cielo con respecto a Dios y lo que está sucediendo en el planeta Tierra con respecto a la actitud general de la gente hacia Dios. ¡Qué gran contraste!

CUARTO DÍA

Hoy lee Apocalipsis 5. Observa este capítulo haciéndote las seis preguntas básicas. Nota quiénes son los personajes y los grupos de gente principales, qué es lo que están haciendo, por qué están haciéndolo y cuándo suceden estos acontecimientos en relación uno del otro.

Además de las palabras clave de tu separador, marca las siguientes palabras junto con sus pronombres: *el libro,*[18] *digno,* *Cordero* (Jesús), y *siete Espíritus* (marca esta frase como lo has hecho hasta ahora).

QUINTO DÍA

Lee Apocalipsis 4 y 5, y anota cualquier observación nueva en tu lista sobre Dios y Jesús. Después, haz una lista de todo lo que observas de cada palabra clave que marcaste en estos capítulos.

SEXTO DÍA

Repasa lo que has aprendido esta semana al observar Apocalipsis 4 y 5 preguntándote lo siguiente, para ver cuánto te acuerdas de lo que has estudiado:

- ¿Dónde suceden los acontecimientos de estos capítulos?

- ¿Qué aprendes de ese lugar? ¿Cómo se lo describe?

- ¿Quién está en el trono? ¿Ante el trono? ¿Alrededor del trono?

- ¿Qué está sucediendo? ¿Por qué?

- ¿Quién es digno? ¿Por qué?

- ¿A qué se asemejan las cuatro criaturas vivientes?

- ¿Qué hay en la mano del que está en el trono? ¿Cómo se lo describe?

- ¿Por qué llora Juan?

- ¿Cómo se describe al Cordero?

- ¿Por qué es digno el Cordero?

- ¿Cómo Le alaban los 24 ancianos?

- ¿Qué aprendes sobre aquellos que son comprados por el Cordero?

- ¿Qué hay en las copas de oro?

Ahora revisa tus observaciones usando el texto.

Agrega los acontecimientos de Apocalipsis 5 a la LISTA DE EVENTOS que comenzaste en tu cuaderno. ¡Recuerda hacer una lista sencilla! Los acontecimientos de Apocalipsis te llevarán de la tierra al cielo, al abismo, al pozo del abismo, así que asegúrate de anotar dónde empiezan, terminan y suceden estos acontecimientos.

Identifica y registra los temas de Apocalipsis 4 y 5 en el cuadro PANORAMA DE APOCALIPSIS.

SÉPTIMO DÍA

Guarda en tu corazón: Apocalipsis 4:11 y/o 5:9,10.
Lee y discute Apocalipsis 4 y 5.

PREGUNTAS PARA DISCUSIÓN O ESTUDIO INDIVIDUAL

- ¿Cómo encaja Apocalipsis 4 en las instrucciones que le dio el Señor a Juan en Apocalipsis 1:19?

- ¿Cómo describirías los acontecimientos de Apocalipsis 4 y 5?

  a. ¿Qué aprendes del cielo en estos capítulos? ¿Cómo es? ¿Qué está sucediendo? ¿Quién participa?

  b. ¿Qué aprendes de Dios y la relación del Espíritu y el Hijo con el trono de Dios?

    c. ¿Qué aprendes de las cuatro criaturas vivientes y los 24 ancianos?

    d. ¿Por qué se alaba a Dios como digno, en Apocalipsis 4?

∿ ¿Qué hay en la mano de Dios en Apocalipsis 5? ¿Cómo se describe?

∿ ¿Qué hace llorar a Juan?

∿ ¿Qué aprendes del Cordero en Apocalipsis 5?

    a. ¿Cómo describen al Cordero?

    b. ¿Por qué es digno el Cordero de abrir el libro? (obtén tu respuesta directamente del texto) ¿En qué versículo encontraste la respuesta?

    c. ¿Qué aprendes sobre aquellos que fueron comprados por la sangre del Cordero?

    d. ¿Qué hay en las copas de oro que están frente al trono? ¿Qué te dice esto sobre el valor de la oración?

∿ ¿Qué aprendes de Apocalipsis 4 y 5, que puedas aplicar a tu vida? ¿Cómo vives en relación a lo que has aprendido con respecto al Cordero en Apocalipsis 5?

Pensamiento para la Semana

Los que están alrededor del trono, quienes ven a Dios y al Cordero como realmente son, no pueden evitar alabarlos diciendo ¡Digno! ¡Digno! ¡Digno! Ellos entienden. Ellos saben con seguridad que es Dios quien los creó – y también a todo lo demás. Ellos saben que todo lo que existe, existe porque Dios lo hizo existir. Existe porque Dios así lo deseó.

¿Te das cuenta de que la razón por la cual existes, la razón por la cual estás vivo, es porque Dios así lo quiso? ¡Tú eres una expresión de la voluntad, el placer y del deseo de Dios!

Y - a pesar de que así como nosotros, una vez viviste en pecado;

a pesar de que viviste para tus propios placeres en vez de los de Dios

a pesar de que caminaste en acuerdo con el príncipe del poder del aire, el espíritu que trabaja en los hijos de desobediencia.

a pesar de que fuiste vencido por el que engañó a Eva en el jardín del Edén, ¡tú tienes un pariente-redentor!

Tienes al León de la tribu de Judá, al que dejó el cielo y asumió la semejanza de hombre para redimirte del reino de la oscuridad.

Has sido comprado por la sangre del Cordero de Dios, el único Cordero que puede quitar tu pecado.

Has sido hecho un reino, reino de sacerdotes para Dios; tú reinaras sobre la tierra.

Y algún día, tal vez más pronto de lo que crees, el Cordero que ha vencido tomará el libro, abrirá sus sellos y redimirá por completo todo lo que perdimos en Adán y Eva cuando eligieron creer al padre de las mentiras, en vez de creerle a Dios. El Cordero de Dios te devolverá a ti, Su pariente, lo que se perdió en Adán – el título de propiedad de la tierra.

Jamás sientas temor, querido amigo. ¡Dios no ha dejado Su trono– y nunca lo hará! ¡El reinará por siempre y para siempre! Muy pronto el misterio de Dios será consumado cuando Él tome Su gran poder y comience a reinar visiblemente a través de su Hijo.

¡Todo esto viene! Y es tan cierto como las promesas de Dios. Entonces, ¿cómo vas a vivir, amado de Dios, con respecto a esta verdad? Debes vivir de modo que pongas todo el poder, la riqueza, la sabiduría, honra, gloria y bendición a los pies del Único que es digno de tales cosas.

Examina tú corazón, tus pasiones, tus objetivos, tus ambiciones, tus energías. Pregúntate si la forma en que organizas tus días y tu vida, es digna del nombre que llevas – de un cristiano. ¿Para el placer de quién vives? ¿Cómo vives con respecto a Aquel que llamas Padre?

Recuerda, perteneces a un nuevo reino – Su reino. ¡Eres un sacerdote para Dios! Vive de tal modo que tu vida declare tu llamado sacerdotal. Presenta tu sacrificio – y hazlo tú mismo. Lo cual no será algo irrazonable de hacer cuando consideres quién es Dios y por qué te creó.

¡Algún día reinarás con Él! Pero ahora es el momento de prepararse para eso. Y en vez de vivir sometido a lo que dicta un mundo y una sociedad que pronto será juzgada por nuestro honrado Dios, vive como más que vencedor a través del que te ama y que se dio a sí mismo por ti. Recuerda de Quién eres y por lo tanto quién eres.

¡Persevera! Recuerda lo que va a ocurrir, y ocúpate en la fe hasta que Él venga. Tu novio celestial te está preparando tu lugar. Él volverá. ¡Ven pronto Señor Jesús, ven!

LA APERTURA
DE LOS SELLOS

PRIMER DÍA

Lee Apocalipsis 6. Además de marcar las palabras clave que están en tu separador, marca además cada aparición de la palabra *sello(s)* en una forma o color distinto. En el margen de tu Biblia enumera los sellos a medida que se los vaya mencionando, para que puedas ubicarlos fácilmente.

Ahora vuelve al capítulo 5 y marca la palabras *sello* y *sellado* cada vez que aparezcan. ¿Hay alguna conexión entre Apocalipsis 5 y 6 con respecto a los sellos? ¿Cómo se ubica cronológicamente lo que sucede en Apocalipsis 6 con Apocalipsis 1-3? Recuerda también Apocalipsis 4:1. Anota tus observaciones en tu cuaderno.

SEGUNDO DÍA

Lee Apocalipsis 6:1-8. Mientras observas estos versículos, hazte las 6 preguntas básicas. Fíjate quiénes son los personajes, qué están haciendo y qué sucede como resultado. Déjate guiar por el texto, y no trates de identificar los personajes en este momento. Haz una lista de todo lo que observas acerca de los primeros cuatro sellos, en el espacio apropiado en el cuadro LOS SIETE SELLOS, TROMPETAS Y COPAS. (página 132).

59

∽∩∾
TERCER DÍA

Lee Apocalipsis 6:9-17 y haz una lista de todo lo que observas sobre el quinto y sexto sello en el cuadro LOS SIETE SELLOS, TROMPETAS Y COPAS. Marca la palabra *ira* [19] y agrégala a tu separador.

∽∩∾
CUARTO DÍA

Lee Apocalipsis 7 y marca las palabras clave que están en tu separador. Observa y marca también cada vez que aparezca la palabra *sello (sellado)*. Marca las referencias de tiempo. Verás también referencias a la palabra vestiduras - *han lavado sus vestiduras y las han emblanquecido*. Marca esta referencia de la misma forma que marcaste *vestiduras blancas*.

En Apocalipsis 7:1-8 viste que se mencionó un grupo de 144.000. Examínalo haciéndote las seis preguntas básicas. Fíjate quiénes son, de dónde vienen, dónde están, qué les sucede, por qué y cuándo.

∽∩∾
QUINTO DÍA

Lee Apocalipsis 7:9-17. Marca la palabra *tribulación* cada vez que aparezca. Examina el grupo de gente que se menciona, haciéndote las seis preguntas básicas. Mientras observas este grupo fíjate dónde están, quiénes son, de dónde vienen, qué tienen puesto, qué están diciendo, cuál es su futuro, etc.

∽∩∾
SEXTO DÍA

Repasa el contenido de los capítulos 6 y 7. Ubica los acontecimientos de estos capítulos en el cuadro LISTA DE ACONTECIMIENTOS. Recuerda que su descripción debe ser breve.

Agrega cualquier observación nueva de Dios y Jesús (el Cordero) a la lista que está en tu cuaderno.

Anota los temas de Apocalipsis 6 y 7 en el cuadro PANORAMA DE APOCALIPSIS.

SÉPTIMO DÍA

Guarda en tu corazón: Apocalipsis 7:15-17.
Lee y discute: Apocalipsis 6.

PREGUNTAS PARA DISCUSIÓN O ESTUDIO INDIVIDUAL

- Haz que la clase saque de su carpeta el cuadro LISTA DE ACONTECIMIENTOS. Fíjate si pueden identificar los temas de Apocalipsis 4-6. Haz una lista de los temas en el pizarrón. Entonces, pídeles que describan los primeros seis sellos. Permitiéndole a la clase que consulte el cuadro de LOS SIETE SELLOS, TROMPETAS Y COPAS, haz una lista de lo que pasa cuando se abre cada uno de los seis sellos.

- Pregunta: ¿Quién llama al jinete? ¿Quién abre los sellos? ¿Quién está en control?

- Discute lo que aprenden de los primeros cinco sellos.

- ¿Qué sucede cuando se abre el sexto sello?

    a. Fíjate lo que exactamente le sucede al sol, la luna, y las estrellas.

    b. ¿Cómo reacciona la gente?

    c. ¿Quiénes son lo que reaccionan de esta forma?

    d. ¿Qué se dice del gran día de la ira? ¿Quién lo dice?

∽ ¿Cuáles son los dos grupos de personas mencionados en el capítulo 7?

a. ¿Qué aprendes del grupo grande mencionado en Apocalipsis 7:4?

b. ¿Por qué son sellados? ¿Hay alguna indicación de cuándo son sellados?

∽ ¿Qué aprendemos del segundo grupo grande?

a. ¿Quiénes son y dónde están?

b. ¿Qué sabes de ellos? ¿Cómo están vestidos? ¿Por qué?

c. ¿Qué están diciendo? ¿Qué están haciendo?

d. ¿Cuál es su futuro? ¿Qué te indica su futuro acerca de su pasado? Nota de dónde salen ellos.

PENSAMIENTO PARA LA SEMANA

A pesar que los cuatro jinetes del Apocalipsis han cautivado la imaginación del hombre, ¿cuánta gente se ha detenido a reflexionar sobre Quién despacha a estos jinetes y desenlaza estos terribles acontecimientos sobre la tierra?

Algunos han dicho que el jinete del caballo blanco es Cristo, pero una observación cuidadosa del texto nos muestra que Jesús no es el que está sobre el caballo, sino que está en el cielo abriendo uno a uno los siete sellos del libro. Y con la apertura de cada sello vemos su efecto sobre la humanidad. Éste no es un cuadro muy agradable, pero es un cuadro que será pintado por la mano de nuestro justo Dios sobre el manchado lienzo de la tierra.

¿Y qué de la gente de Dios – los judíos – y todos los demás que lavan sus vestiduras en la sangre del Cordero? Dios no nos deja a oscuras al respecto. Él nos dice que antes que vengan más juicios, los cuales dañarán la tierra, el mar, y los árboles, Él sellará a 144,000 judíos de las doce tribus. También nos dice que a más de los que son martirizados, de quienes escuchamos en el quinto sello, habrá otros que lavarán sus vestiduras en la sangre del Cordero. En el tiempo de la gran tribulación habrá otro grupo que, en medio de los juicios, abrazarán al Cordero en fe, y de este modo, lavarán sus vestiduras en Su sangre y las harán blancas; así como algunos fueron vestidos de blanco en Sardis. Dios tiene un remanente, y en medio de Su ira Él recuerda Su misericordia. Él envía adelante a un ángel para proclamar el evangelio eterno a aquellos que viven en la tierra — a cada nación, tribu, lengua, y gente – llamándolos a temer a Dios, darle la gloria, a adorarlo (Apocalipsis 14:6-7).

Si consideras la interpretación literal de la Palabra de Dios, resulta obvio que este evento todavía está por ocurrir. Sin embargo, conforme vamos estudiando, debemos preguntarte: ¿cuál es tu postura con respecto al Cordero de Dios? Ya has estado estudiando Apocalipsis durante cinco semanas; y has leído y observado los siete primeros capítulos de esta palabra segura de profecía. Las palabras que has leído en el libro de Apocalipsis son "fieles y verdaderas"; y el Señor, el Dios de los espíritus de los profetas, envió a su ángel para mostrar a sus siervos las cosas que pronto han de suceder" (Apocalipsis 22:6). Él dice "Vengo pronto" (Apocalipsis 22:7). Una vez que comience este proceso, una vez que el libro sea tomado de la mano de Dios y los sellos sean abiertos por el León, el cual es el Cordero, los acontecimientos de Apocalipsis sucederán rápidamente. Una avalancha de juicios será derramada, y nada la detendrá. Y, ¿dónde estarás aquel día? ¿Asegurado en Cristo, vestido de blanco - o atrapado en la ira del juicio de Dios?

¿Qué has hecho con Jesucristo? ¿Qué crees de Él? Si tienes la fe que vence al mundo, entonces estás seguro en el rebaño de Dios. Pero si no es así, amigo, entonces no has conocido la salvación verdadera, y necesitas arrepentirte – cambiar tu forma de creer, lo que hará que creas que Jesús es el Cristo, el Hijo de Dios. Solo entonces, ¡conocerás la victoria que vence al mundo!

Ésta es la hora de examinarte a ti mismo y ver si realmente

estás en la fe – es ahora, antes "de la hora de la prueba, esa hora que está por venir sobre todo el mundo para poner a prueba a todos lo que habitan sobre la tierra" (Apocalipsis 3:10).

Escribe tu confianza o tu decisión en tu cuaderno; regístralo por escrito.

LAS TROMPETAS SON TOCADAS - AY, AY, AY

PRIMER DÍA

Esta semana observarás Apocalipsis 8, 9, y 10. Recuerda, el objetivo de este estudio es realizar una correcta observación del texto. Nuestra meta es observar el libro de Apocalipsis en forma imparcial y como si nunca antes lo hubiéramos leído.

Hoy lee Apocalipsis 8. En este capítulo serás introducido a las *trompeta(s)*, que también es una palabra clave. Márcala de una forma que se destaque. También tendrás que marcar las palabras *toques* [20] y *tocar (tocó)* ya que serán usadas en referencia a las trompetas (estas palabras se usan a través de los capítulos 8-11 junto con la palabra trompeta. Sin embargo, cuando marques *tocar (tocó)* asegúrate de marcar solo las referencias que están relacionadas con el tocar de la *trompeta*). Cuando marques cualquiera de estas palabras, anota el número de la trompeta en el margen de tu Biblia. Nota también cada mención de la palabra trompeta. Recuerda marcar la palabra *sello* cada vez que aparezca.

Antes de leer, para que puedas marcarlas en forma consistente a través del resto de Apocalipsis, agrega las siguientes palabras clave a tu marcador: *truenos, ruidos,* [21] *relámpagos,* y *ay(es).*

Cuando marques la palabra *ay(es)*, fíjate siempre con qué están relacionados. Marca también las frases de tiempo que estén relacionadas con los ayes. Esto te ayudará a entender la cronología (secuencia de tiempo) de los ayes.

65

SEGUNDO DÍA

Lee Apocalipsis 8 otra vez. Anota en el cuadro LOS SIETE SELLOS, TROMPETAS Y COPAS (página 132) lo que observas del séptimo sello y de las primeras cuatro trompetas.

TERCER DÍA

Lee Apocalipsis 9. Marca las palabras clave que están en tu separador y continúa marcando cualquier referencia a trompeta. Recuerda marcar las palabras de la lista del primer día que se relacionen con las trompetas. No dejes de marcar *arrepintieron* de la misma manera que la marcaste en los capítulos 2 y 3. También observa cuidadosamente las referencias de tiempo ya que indican secuencia, fecha, y duración de los acontecimientos.

CUARTO DÍA

Lee Apocalipsis 9 otra vez. Agrega la información de la quinta y sexta trompeta al cuadro LOS SIETE SELLOS, TROMPETAS Y COPAS (pagina 132).

QUINTO DÍA

Agrega cualquier observación de Dios a tu lista. También anota todos los acontecimientos de Apocalipsis 8 y 9 en la LISTA DE ACONTECIMIENTOS. Anota los temas de estos capítulos en el cuadro PANORAMA DE APOCALIPSIS (página 133).

SEXTO DÍA

Lee Apocalipsis 10 y marca las palabras clave que están en tu separador. Entonces, anota lo que sucede en este capítulo en la LISTA DE ACONTECIMIENTOS. Agrega cualquier observación nueva sobre Dios en tu cuaderno. También anota el tema de Apocalipsis 10 en el cuadro PANORAMA DE APOCALIPSIS.

SÉPTIMO DÍA

Guarda en tu corazón: Apocalipsis 9:20,21
Lee y discute: Apocalipsis 8:13-9:21

PREGUNTAS PARA DISCUSIÓN O ESTUDIO INDIVIDUAL

- ¿Qué sucede cuando se abre el séptimo sello?

- ¿En qué parte de Apocalipsis 8 se encuentra la referencia a truenos, relámpagos y un terremoto?

- Mientras observas el cuadro de LOS SIETE SELLOS, TROMPETAS Y COPAS fíjate ¿qué sucede cuando cada trompeta es tocada?

- ¿Qué aprendes al marcar los *ay(es)* en Apocalipsis 8 y 9?

    a. ¿Cuándo ocurre el primer ay?

    b. ¿Cuándo ocurre el segundo ay?

    c. ¿Cuándo son cumplidos los primeros dos ayes?

∾ ¿Cómo se comparan las primeras seis trompetas con los primeros seis sellos? ¿Son lo mismo, o son distintos? ¿Cómo lo sabes?

∾ ¿Hay alguien en control de estos acontecimientos? ¿Quién? Basa tu respuesta en la Escritura.

∾ ¿Qué va a suceder cuando la séptima trompeta sea tocada?

∾ ¿Qué aprendes en Apocalipsis 9:18-21 acerca del estado de la humanidad?

    a. ¿Cómo responde a las plagas?

    b. Cuando marcaste la palabra *arrepintieron*, ¿De qué *no* se arrepintieron?

    c. ¿Qué te indica esta acción – o falta de ella – acerca del estado de la humanidad durante este período de tiempo?

PENSAMIENTO PARA LA SEMANA

Si ves el libro de Apocalipsis literalmente y dejas que hable por sí mismo, sin agregar tu propia interpretación o asumir que todo es simbólico, entonces te será obvio que los acontecimientos descritos en Apocalipsis 6-22 todavía no han ocurrido.

También puede verse que los eventos catastróficos no significan que la "Madre Naturaleza" se haya vuelto loca. Más bien, son juicios que vienen del cielo a la tierra. Los sellos son diferentes a las trompetas, y parece que un juicio sigue al otro porque Apocalipsis 9:2 dice "el primer ¡ay! ha pasado; he aquí, aún vienen dos ayes *después* de estas cosas". Y Apocalipsis 10:7 dice que cuando el séptimo ángel esté por tocar, el misterio de Dios será consumado. Parece también haber una progresión en la intensidad de estos juicios, ya que los acontecimientos que ocurren después de ser tocadas las trompetas parecen ser peores que aquellos ocurridos cuando los sellos son abiertos. Cuando el séptimo sello es abierto, comienzan las trompetas. Parece que el séptimo sello contenía las trompetas. Fíjate lo que sucede con la séptima trompeta – ¡estudiaremos eso la semana que viene!

En todo esto, ¿ves al hombre quebrantado por estos juicios y volviéndose a Dios masivamente? ¡No! Después que suena la séptima trompeta, trayendo plagas de fuego, humo y sulfuro, y matando un tercio de la humanidad, la gente todavía no se arrepiente. Continúa en su idolatría y adoración de demonios. Los homicidios, las hechicerías, la inmoralidad, y los robos continúan. Aquellos que todavía moran en la tierra prueban un poquito de lo que es el infierno, y así y todo no buscan lavar sus vestiduras en la sangre del Cordero.

¿Y tú? ¿Te ha llevado la bondad de Dios a un arrepentimiento genuino? ¿Has tenido una verdadera renovación de tu mente con respecto a Quién es Dios y a Su derecho soberano de gobernarte como tu Señor? Si no es así, ¡arrepiéntete antes que Jesús tome el libro y abra los sellos y desate el justo juicio de Dios sobre esta Tierra!

Y si ya conoces a Dios, ¿estás advirtiéndole a la gente para que escape de la ira, que seguro vendrá sobre la Tierra? Fuiste salvado para servir a Dios, y una de las formas en que puedes servirle a Él y a Su reino es siendo Su testigo – proclamando Su Palabra a tiempo y fuera de tiempo, usándola para reprobar, reprochar, y exhortar con una enseñanza.

Cuando Satanás Es Arrojado a la Tierra

PRIMER Día

Bueno, has observado la apertura de los siete sellos y el tocar de las trompetas. Examinemos ahora Apocalipsis 11 y 12 para ver qué nos dice de las cosas que deben suceder "después de éstas" como está escrito en Apocalipsis 4:1.

¿Comienzas a ver por qué la observación y anotación de los acontecimientos descritos en Apocalipsis te ayuda a captar mejor los acontecimientos del libro y la relación entre ellos? Es crucial que cuando leas Apocalipsis 11 y 12 observes todas las referencias de tiempo y todo lo que te muestre la relación entre los acontecimientos.

Recuerda dejar que las Escrituras hablen por sí mismas, tomándolas solamente en sentido literal. Al mismo tiempo procura respetar los matices gramaticales y apreciar las formas retóricas que usa el autor.

Hoy lee Apocalipsis 11 con mucho cuidado. Marca las palabras clave de tu señalador. También marca las referencias a las trompetas. Marca la palabra *naciones*[22] y agrégala a tu separador. Marca cada referencia a los dos testigos, incluyendo sus sinónimos y pronombres. En tu cuaderno haz una lista de todo lo que ves acerca de estos dos testigos. Como siempre, recuerda plantearte las seis preguntas básicas cuando observes el texto:

a. ¿Qué hacen los dos testigos?

b. ¿Por cuánto tiempo lo hacen?

c. ¿A quién afecta lo que hacen?

d. ¿Cuál es su relación con la bestia?

e. Según el texto, ¿de dónde viene la bestia?

f. ¿De dónde obtienen los dos testigos su poder para hacer lo que hacen?

g. ¿Qué le sucede a ellos? ¿A qué ciudad se refiere Apocalipsis 11:8?

h. ¿Cuál es su estado final? ¿Cómo llegan a ese estado?

No olvides marcar las frases de tiempo. Cuando marques esas frases anota el acontecimiento correspondiente (recuerda que el calendario bíblico tiene 360 días en vez de 365. Por lo tanto, 42 meses y 1260 días son dos formas de referirse a un mismo periodo de tiempo: 3½ años).

Cuando termines de leer Apocalipsis 11, marca la palabra bestia en el 11:7 y agrégala a tu separador. Ésta es la primera vez que aparece la palabra *bestia* en Apocalipsis, pero de ahora en adelante será otra palabra clave. Marca también *hacer guerra* y cualquier referencia a guerra.[23] Agrega esta frase clave y sus sinónimos a tu separador.

_____

SEGUNDO DÍA

Lee otra vez Apocalipsis 11:1-3 y marca la palabra *templo*. Cuando termines de leer y marcar esta palabra, anota lo que aprendes haciendo una lista en tu cuaderno.

Ahora lee Apocalipsis 11:14-19. Observa lo que se dice en el versículo 14 acerca de los ayes. Anota cuál es el ay que pasó, y cuál es el que viene. Pregúntate por qué Dios menciona el hecho de que un ay sucediera en un punto específico del libro de Apocalipsis. ¡Todo tiene un propósito! Por lo tanto, puede ser que Dios nos esté mostrando el momento del ay en relación a los acontecimientos que fueron registrados en Apocalipsis 11:1-13. Piénsalo.

En el cuadro LOS SIETE SELLOS, TROMPETAS Y COPAS (página 132) anota lo que sucede cuando la séptima trompeta es tocada por el ángel.

Compara el séptimo ángel de Apocalipsis 11:15 con Apocalipsis 10:7. Nota lo que ha terminado, según Apocalipsis 10:7, al sonar la trompeta el séptimo ángel. Marca estos versículos como referencias cruzadas, de uno con el otro, en tu Biblia: en el margen de Apocalipsis 10:7 anota Apocalipsis 11:15-19, y al lado de Apocalipsis 11:15, escribe "Misterio de Dios consumado, Ap. 10:7".

Asumimos que ya has marcado la palabra *ira*, porque está en tu separador. Observa de Quién es la ira, cuándo viene, y quién dice que ha llegado. Ésta es la tercera mención de la palabra *ira*.

ᴖᴖᴖ

TERCER *DÍA*

Lee Apocalipsis 12 para ver el contexto general. Este capítulo está repleto de información valiosa; necesitas leerlo varias veces. Marca cualquier palabra clave que tengas en tu separador. Las referencias de tiempo son clave, así que no las omitas. Recuerda que la frase "tiempo y tiempos y medio tiempo" es otra forma de decir 3 ½ años.

Marca también cada referencia a la *mujer*, incluyendo sus pronombres. Marca cada referencia al *dragón*, incluyendo sus sinónimos (i.e. *serpiente, Satanás, diablo*) y pronombres. Agrega la palabra *dragón* y sus sinónimos a tu separador.

Ahora examina lo que aprendes acerca del dragón en este capítulo, y haz una lista en tu cuaderno de todo lo que observas de él. Nota cómo se lo describe, quién es realmente, cuál es su relación con la mujer, qué le sucede, cuándo, cómo es vencido, qué sucede cuando es arrojado del cielo, qué efecto tiene esto sobre la tierra, cuánto tiempo tiene después de ser arrojado, y qué le hace a la mujer cuando es arrojado.

CUARTO DÍA

Lee Apocalipsis 12 otra vez. Asegúrate de marcar cada referencia a la *mujer*. Marca también cada referencia al *hijo de la mujer*.

Cuando termines, haz una lista en tu cuaderno de todo lo que aprendes de la mujer. Fíjate cómo se describe a la mujer cuando huye al desierto y por qué huye. Nota la relación cronológica que hay entre el nacimiento de su hijo y su huida al desierto. Te ayudará el repasar las frases. Lista también todo lo que aprendes del hijo. Marca la palabra *desierto* en este capítulo. Compara los versículos con otros donde también hayas marcado *desierto*.

Observa también las referencias de tiempo.

Si tienes alguna pregunta sobre la identidad de la mujer, detente y piensa en todo lo que has observado en el texto acerca de ella y de su hijo. Piensa lo que aprendes del hijo de la mujer, porque es una pista acerca de la identidad de la mujer. ¿Quién regirá las naciones con vara de hierro? (tal vez quieras leer Apocalipsis 19:15.) ¿Dónde está Él ahora? Cuando Él nació, ¿hubo atentados a Su vida? ¿Por quién? ¿Cuál era Su ascendencia humana? (¿A qué nación se le acredita el nacimiento de Jesús? ¿A qué pueblo pertenecía Su madre?)

Si tienes tiempo, disfrutarás leer Génesis 37:9-11. Fíjate si notas alguna similitud entre este pasaje y la descripción de la mujer en Apocalipsis 12:1. Recuerda que Jacob es el padre de las doce tribus de Israel. Nota quién se arrodilla ante quién en este sueño. No te confundas con esta comparación de versículos – acepta tal y cual lo que ves la primera vez que los leas.

ᘒᎯᏅᏄ

QUINTO DÍA

Lee Apocalipsis 12:1-6 y haz una lista en tu cuaderno del orden de los acontecimientos en esta porción. Dibujar una línea que represente el tiempo, usando rayitas, te ayudará a ver el progreso de todos estos acontecimientos. Ahora, lee cuidadosamente Apocalipsis 12:7-17 y observa lo que sucede cuando hay guerra en el cielo. Después, mira cómo la palabra "ahora", en el versículo 10, se relaciona con el "cuando" en el versículo 13.

Finalmente, colorea de manera particular la frase *fue arrojado*[24] o *ha sido arrojado*[25] en Apocalipsis 12:9, 10, y 13. Entonces dibuja una línea desde la frase en el versículo 9 hasta la palabra ahora en el 12:10. Dibuja otra línea que vaya desde la palabra *ahora* hasta *cuando el dragón vio que fue arrojado* en el 12:13. Con tu Biblia marcada de esta manera tus ojos fácilmente podrán ver cómo se relacionan estos versículos en lo que a tiempo se refiere (mira el ejemplo a continuación).

12:9 Y fue arrojado el gran dragón, la serpiente antigua que se llama diablo y Satanás, el cual engaña al mundo entero. Fue arrojado a la tierra y sus ángeles fueron arrojados con él.

12:10 Entonces oí una gran voz en el cielo, que decía: "Ahora ha venido la salvación, el poder y el reino de nuestro Dios y la autoridad de Su Cristo (el Mesías), porque el acusador de nuestros hermanos, el que los acusa delante de nuestro Dios día y noche, ha sido arrojado.

12:13 Cuando el dragón vio que había sido arrojado a la tierra, persiguió a la mujer que había dado a luz al Hijo varón.

Ya has marcado las referencias a la mujer y al desierto; ahora fíjate en los paralelos entre Apocalipsis 12:6 y 12:14. ¿Piensas que estas referencias corresponden a un mismo período de tiempo o a incidentes distintos? ¿Será que Dios nos da una idea general de la mujer y el dragón en Apocalipsis 12:1-6, y después en Apocalipsis 12:7-17 más detalles repitiendo parte del relato de la mujer?

SEXTO DÍA

Lee Apocalipsis 12 por última vez; entonces compara Apocalipsis 12:10 con Apocalipsis 11:15-17. ¿Ves algún paralelo que pueda indicar una relación cronológica entre la séptima trompeta y el momento en que Satanás es arrojado a la tierra y persigue a la mujer por 3 ½ años? Si crees que hay algún paralelo, entonces marca estos versículos en tu Biblia como referencias cruzadas.

Registra los acontecimientos principales que hayas observado en Apocalipsis 11 y 12 en tu LISTA DE ACONTECIMIENTOS.

A la lista que tienes en tu cuaderno agrégale cualquier observación sobre Dios y Jesús.

Anota los temas de Apocalipsis 11 y 12 en tu cuadro PANORAMA GENERAL.

SÉPTIMO DÍA

GUARDA EN TU CORAZÓN: APOCALIPSIS 11:15-17.
LEE Y DISCUTE: APOCALIPSIS 11:14-19 Y 12:7-17.

PREGUNTAS PARA DISCUSIÓN O ESTUDIO INDIVIDUAL

∾ ¿Qué pasa cuando suena la séptima trompeta?

  a. Discute lo que se dice cuando suena, qué sucede y cómo responden las naciones.

❧ b. Discute cuándo sucede este evento.

  c. ¿Cuándo menciona que el segundo Ay (Sexta trompeta) ocurrió?

  d. Basado en lo que observas del texto, ¿cómo crees que se relaciona el segundo Ay con los acontecimientos registrados en Apocalipsis 11:1-3? ¿Por qué?

❧ ¿Cuál es la relación entre la séptima trompeta y el misterio de Dios? ¿Qué aprendes del misterio de Dios en Apocalipsis 10:5-7?

❧ ¿Qué aprendes acerca de los dos testigos en Apocalipsis 11?

  a. ¿Qué hacen?

  b. ¿Por cuánto tiempo?

  c. ¿A quién afecta?

  d. ¿Cuál es su relación con la bestia?

  e. De acuerdo al texto, ¿de dónde sale la bestia?

  f. ¿De dónde reciben poder los testigos para hacer lo que hacen?

  g.¿Qué les sucede? ¿Qué ciudad se menciona en el 11:8?

  h.¿Cuál es su estado final? ¿Cómo ocurre?

❧ Basado en lo que observaste acerca de la mujer en Apocalipsis 12:1, ¿a quién crees que representa? ¿Cómo se relaciona el sueño de José en Génesis 37:9-11 con la

∾ mujer, o de qué forma te ayuda a entender su identidad?

a. ¿Qué dice el texto acerca del hijo de la mujer?

b. ¿Qué se supone que hace? ¿Lo hace en el momento del relato? Compara este versículo con Apocalipsis 19:15.

c. ¿A dónde va?

d. ¿Qué le sucede a la mujer después que Él se va?

e. Basado en lo que observas del texto, ¿quién crees que es el niño?

f. ¿Cuáles son las referencias de tiempo que están relacionadas con la mujer? ¿Qué sucede durante este período de tiempo? ¿Son dos tiempos distintos o uno solo? Comparte tu razonamiento.

∾ ¿Quién es el dragón en Apocalipsis 12?

a. ¿Cómo lo describe el texto?

b. ¿Cuál es su relación con la mujer?

c. ¿Qué le sucede y cuándo?

d. ¿Cómo lo vence la gente?

e. ¿Cuál es el resultado que se da en el mundo cuando es arrojado del cielo?

f. ¿Cuánto tiempo tiene después de ser arrojado del cielo?

g. ¿Qué le hace a la mujer después que es echado del cielo?

❧ ¿Qué relación ves, de haber alguna, entre la séptima trompeta en Apocalipsis 11:15-19 y la referencia de tiempo en Apocalipsis 12:10-13?

❧ ¿Qué es lo más importante que has aprendido esta semana? ¿Por qué? ¿Cómo te afectará personalmente?

PENSAMIENTO PARA LA SEMANA

La Biblia es un libro formidable. Precepto sobre precepto, línea por línea, Dios nos revela Su verdad. Si no nos apurásemos tanto, si pasáramos más tiempo a sus pies, buscáramos la iluminación del Espíritu, observáramos cuidadosamente el texto, y le permitiéramos a la Escritura que interprete la Escritura, Él nos llevaría y guiaría a toda verdad.

Al haber leído esta semana Apocalipsis 11 y 12, ¿no te sientes asombrado por lo que viste? Génesis nos da el comienzo, y Apocalipsis nos cuenta el final. Lo comenzado en Génesis vemos cumplirse en Apocalipsis. En Génesis 12 la nación de Israel es llamada a existencia a través de las promesas de Dios dadas a Abraham. En Apocalipsis 12 la nación de Israel aún sigue existiendo.

En Génesis 3:15 tenemos la primera promesa de la simiente, una simiente nacida de una mujer – una simiente que destruiría la cabeza de la serpiente. En Apocalipsis vemos la derrota de la serpiente y el triunfo de Jesucristo.

La profecía de la mujer y su simiente en Génesis 3:15 era una sombra de Jesucristo, nacido de la tribu de Judá, de la simiente de Israel, tal como lo había profetizado Jacob en Génesis 49:8-11.

En Génesis 15 Dios reafirma Su promesa de una simiente a Abraham (quien no tenía hijos), quien le cree a Dios y le es contado como justicia. En Gálatas 3:16 leemos que "las promesas fueron hechas a Abraham y a su descendencia". No dice: "y a las descendencias" como *refiriéndose* a muchas, sino *más bien* a una: "y a tu descendencia," es decir, Cristo (el Mesías).

Y así como en Génesis 3:15 hay enemistad entre la serpiente (que según Apocalipsis 12:9 es el dragón, el diablo) y la mujer, esa misma enemistad continúa en Apocalipsis 12.

El relato del intento del dragón de devorar al hijo de la mujer es simplemente la historia del intento de Herodes por matar a Jesús, nacido "Rey de los Judíos" (Mateo 2:2) y al "Gobernante que Pastoreara... Israel" (Mateo 2:6). Herodes, el tetrarca romano de Galilea era un peón de la serpiente antigua, del diablo, Satanás.

Jesús no solo iba a ser el Rey de los Judíos, Él regiría también sobre todas las naciones con vara de hierro. Pero primero debía cumplir su papel del Cordero de Dios. Primero debía morir por los pecados del mundo, después debía ser resucitado de entre los muertos, y ascender al Padre para preparar un lugar para nosotros. Entonces, cuando todo esté listo, el Cordero que es el León de Judá vendrá, "Y a él sea dada la obediencia de los pueblos" (Génesis 49:10).

Hasta entonces, Él está sentado en Su lugar de divinidad intercediendo por nosotros. Su día – el día del Señor – viene. Un tiempo de gran tribulación - "Porque habrá entonces una gran tribulación, tal como no ha acontecido desde el principio del mundo hasta ahora, ni acontecerá jamás" (Mateo 24:21). Éste será el tiempo profetizado en Daniel 12 y Joel 2. Daniel 7 y 12 nos dicen que durará 3 ½ años; el tiempo cuando el pequeño cuerno de Daniel 7 hará guerra contra los santos (los judíos creyentes) y los vencerá por 3 ½ años hasta que su dominio es...

> quitado, aniquilado y destruido para siempre. Y la soberanía (el reino), el dominio y la grandeza de todos los reinos debajo de todo el cielo serán entregados al pueblo de los santos del Altísimo. Su reino será un reino eterno, y todos los dominios Le servirán y Le obedecerán (Daniel 7:26-27).

Mateo 24 describe el mismo período de tiempo, hablándonos de un tiempo de gran tribulación, cuando a los de Judea se les ordena huir a los montes para refugiarse. Esto parece un perfecto paralelo con la persecución sufrida por la mujer, por parte del dragón, durante 3 ½ años cuando se le dice que huya al desierto donde será protegida.

Esto se correlaciona muy bien con el tiempo de indignación del diablo, y con lo que viste de las multitudes ante el trono en Apocalipsis 7 - una gran multitud, vestida con vestiduras blancas, una multitud que salió de la gran tribulación.

¿Podría ser entonces que, después de la guerra en el cielo, en la que el dragón y sus ángeles son echados del cielo, es una ay en la tierra y el mar porque "el diablo ha descendido a ustedes con gran furor, sabiendo que tiene poco tiempo" (Apocalipsis 12:12)?

Y a pesar de toda esa gran ira del diablo, nosotros podemos descansar confiados en el triunfo de nuestro Dios; porque cuando suene la séptima trompeta el misterio de Dios será consumado. Entonces, no nos preguntaremos más por qué Dios no se mueve o toma medidas directas contra el diablo y sus peones humanos. Al sonar de la séptima trompeta "ha venido la salvación, el poder y el reino de nuestro Dios y la autoridad de Su Cristo" (Apocalipsis 12:10). Satanás será arrojado del cielo y las siete copas son derramadas – las copas del juicio, que afectarán directamente el trono de la bestia y a quienes le hayan dado su lealtad a él. Al sonar la séptima trompeta, el templo en el cielo es abierto, y ¡el Rey está en camino! ¡Aleluya!

LA MARCA DE
LA BESTIA
ᘉᘉᘉᘉ

ᘉᘉ
PRIMER DÍA

Hoy vamos a aprender más acerca de la bestia. Lee Apocalipsis 13:1-10. Marca las palabras clave que tienes en tu separador. También marca las referencias de tiempo.

Entonces, en tu cuaderno inicia un PERFIL SOBRE LA PRIMERA BESTIA; en él, harás una lista de todo lo que aprendas acerca de la bestia en esta sección y en el resto de Apocalipsis. Examina el texto basándote en las seis preguntas básicas: ¿Cómo se describe a la bestia? ¿Qué hace? ¿De dónde recibe el poder? ¿Por cuánto tiempo tiene poder? ¿Hasta dónde llega su poder?

ᘉᘉ
SEGUNDO DÍA

Lee Apocalipsis 13:11-18 y marca las palabras clave de tu separador. Sin embargo cuando veas la palabra bestia, en esta sección de la Escritura, se trata de una referencia a otra bestia – diferente de la que se menciona en Apocalipsis 13:1-10. Así que marca esta bestia de manera diferentemente a la bestia de 13:1-10.

En tu cuaderno, empieza otro PERFIL SOBRE LA SEGUNDA BESTIA. Lista todo lo que aprendas en estos versículos acerca de la segunda bestia. Una vez más, examina el texto basándote en las seis preguntas básicas.

Cuando termines, vuelve a Apocalipsis 11:7 donde se menciona por primera vez a la primera bestia. ¿Ves que se mencione algo con respecto a esta bestia, que encaje en lo que aprendiste en Apocalipsis 13? De ser así, regístralo en tu cuaderno, en el PERFIL apropiado y escribe Apocalipsis 11:7 al lado de la bestia correspondiente en el margen de tu Biblia.

Haz una lista en tu cuaderno de todo lo que aprendes al marcar *aquellos que moran en la tierra, los que moran en ella (todos los que moran en la tierra).*[26]

TERCER DÍA

Lee otra vez Apocalipsis 13 y marca toda referencia a la *imagen de la bestia (una imagen de la bestia*[27]*)* y a la *marca* de la bestia – cada una de manera distintiva. En tu cuaderno, en el cuadro PERFIL SOBRE LA PRIMERA BESTIA registra todo lo que aprendes acerca de esta marca y de la imagen de la bestia.

Marca también la palabra *adorar*. Fíjate quién es adorado y por qué.

CUARTO DÍA

Lee Apocalipsis 14. Marca las palabras clave de tu separador. Marca también la palabra *ángel*. Marca cualquier referencia a *Babilonia* y agrégala a tu separador. No olvides marcar los pronombres y sinónimos de Babilonia *(gran ramera, mujer, gran ciudad, madre de las ramera[s])* [28] y recuerda anotar estas palabras en tu separador. Babilonia será una palabra muy importante en el texto; por lo tanto, en tu cuaderno, comienza también un PERFIL SOBRE BABILONIA; y anota tus observaciones en ella. Necesitarás reservar varias páginas para esto.

᙭᙭᙭

QUINTO DÍA

Lee Apocalipsis 14 otra vez. Nota donde marcaste la palabra *ángel*. Escribe en tu cuaderno lo que sucede con cada *ángel* mencionado en este capítulo. También registra en el PERFIL SOBRE LA PRIMERA BESTIA cualquier observación nueva que veas en este capítulo sobre la imagen de la bestia y/o la marca de la bestia.

᙭᙭᙭

SEXTO DÍA

En Apocalipsis 14:1-5 vemos mencionarse otra vez a los 144.000. Lee cuidadosamente el texto, haciéndote las seis preguntas básicas: ¿Qué aprendes de estos 144.000? ¿Cómo se los describe? ¿Dónde están? ¿Qué están haciendo? ¿De dónde vinieron?

Anota tus observaciones en tu cuaderno. Entonces lee Apocalipsis 7:1-8 otra vez. ¿Piensas que se refieren a los mismos 144.000? Anota tus observaciones en tu cuaderno.

Agrega a tu lista cualquier observación nueva sobre Dios, Jesús y el Espíritu.

Anota los acontecimientos de Apocalipsis 13 y 14 en tu LISTA DE ACONTECIMIENTOS. Luego, discierne y registra el tema de estos capítulos en el cuadro PANORAMA DE APOCALIPSIS.

᙭᙭᙭

SÉPTIMO DÍA

GUARDA EN TU CORAZÓN: APOCALIPSIS 14:9-11 Ó 14:9-10.

Lee y discute: Apocalipsis 13:1-9, 18 y Daniel 7:1-8, 16-28 (si nunca estudiaste el libro de Daniel, o si los participantes de tu grupo no hicieron los estudios inductivos sobre Daniel, *El Plan de Dios para la Profecía Bíblica,* entonces deja de lado las referencias a Daniel en cuanto a lectura y tiempo de discusión).

PREGUNTAS PARA DISCUSIÓN O ESTUDIO INDIVIDUAL

- ¿Qué aprendiste acerca de la primera bestia en Apocalipsis 13? Si te es posible, sería bueno que anotes tus observaciones en una pizarra para que tus alumnos puedan verlas.

  a. ¿Cuál es su relación con el dragón?

  b. ¿Cómo se le describe?

  c. ¿Qué aprendes de su herida?

  d. ¿Por cuánto tiempo tiene autoridad para actuar? ¿Qué hace con esa autoridad?

  e. ¿Quién adora a esta bestia? ¿Por qué?

- ¿Qué aprendiste acerca de la segunda bestia en Apocalipsis 13?

  a. ¿Cómo se le describe?

  b. ¿Cuál es su relación con la primera bestia?

  c. ¿Qué hace?

  d. ¿Cómo se relaciona con aquellos que moran en la tierra?

- ¿Qué observaste en Apocalipsis 13 y 14, acerca de la imagen y la marca de la bestia?

a. ¿Cuál es la imagen de la bestia?

b. ¿De dónde viene?

c. ¿Cuál es su propósito?

d. ¿Qué sucede en relación a esta imagen?

e. ¿Qué es la marca de la bestia?

f. ¿Quién la recibe? ¿Por qué?

g. ¿Cuáles son las consecuencias de no tener la marca?

h. ¿Qué le sucede a aquellos que aceptan la marca de la bestia? Lee Apocalipsis 14:9-12.

∾ Si tienes tiempo, discute Apocalipsis 14:6-20.

a. ¿Toda la gente de la tierra tendrá oportunidad de oír el evangelio? ¿Cómo? ¿Por qué? Compáralo con Mateo 24:14 (anota esta referencia cruzada en tu Biblia).

b. ¿Ves algún contraste entre los que adoran la imagen de la bestia y los mencionados en Apocalipsis 14:12, 13? ¿Por qué crees que este último grupo necesita perseverar o por qué está muriendo?

c. ¿Cómo siegan los ángeles la cosecha de la tierra? ¿Dónde se tira esa cosecha?

d. ¿Dónde está el lagar?

e. ¿Hasta qué altura llega la sangre que sale del lagar, y a qué distancia?

Opcional – para aquellos que estudiaron Daniel (*El Plan de Dios para la Profecía Bíblica* en la Nueva Serie de Estudio Inductivo).

ॐ Lee Daniel 7:1-8, 16-28. Anota en la pizarra, junto a tus observaciones, lo que encuentres en las siguientes preguntas acerca de la cuarta bestia y el cuerno pequeño de Daniel 7.

a. ¿Qué aprendes de la cuarta bestia en este pasaje?

b. ¿Qué aprendes del cuerno pequeño o de otro cuerno? ¿De dónde viene este cuerno?

c. ¿Por cuánto tiempo tiene poder? ¿Sobre quién? ¿Qué hace?

d. ¿Qué le sucede a este cuerno después de ese período de tiempo?

e. ¿Quién rige entonces?

PENSAMIENTO PARA LA SEMANA

A través de los siglos, el hombre se ha sentido fascinado con "la marca de la bestia". El hecho de que la marca sea equivalente al nombre del hombre, y que sume 666, ha causado mucha especulación. Sin embargo, acerca de este hombre se nos da mucho más que el número de su nombre. Apocalipsis 13 da una descripción completa de la bestia que rige sobre todo el mundo por un periodo de 3 ½ años. Incluso otros versículos, como Daniel 7 y 11:36-12:13, nos dan más información sobre él. Daniel 9:26 habla del príncipe que ha de venir: un hombre que hará un pacto firme con muchos en Israel y que entonces, en la mitad del pacto, pondrá fin al sacrificio y a la ofrenda de cereal; un hombre desolador, que causa horror, pero que, sin embargo, camina hacia una completa destrucción que ya ha sido decretada. Mateo 24:15 lo llama "ABOMINACIÓN DE LA DESOLACIÓN", y 2 Tesalonicenses 2:3 "el hombre de pecado" 1 Juan 2:22 y 4:16 lo llama el "anticristo".

Al combinar la información de todos estos versículos puedes ver un cuadro más completo de la bestia de Apocalipsis – ¡un retrato de tamaño real de la simiente del diablo! Cuando el tiempo para "regir" le llegue, aquellos que leen la Palabra de Dios lo identificarán fácilmente- si alguno tiene oído que oiga (Apocalipsis 13:9).

Aquellos que oyen y creen, al punto de ordenar su conducta como corresponde, recibirán la recompensa reservada a la perseverancia y fe de los santos. Sin embargo, aquellos que ignoren la Palabra de Dios y elijan salvarse recibiendo la marca de la bestia pueden estar seguros de que serán atormentados con fuego y azufre en la presencia de los santos ángeles, y en presencia del Cordero. El humo de su tormento ascenderá por los siglos de los siglos y no tendrán reposo, ni de día ni de noche. Y no tendrán excusa, porque Dios habrá anunciado su evangelio eterno a toda nación, tribu, lengua, y pueblo.

O querido, estás estudiando una segura palabra de profecía. Si tú oyes y sigues las palabras de este libro, serás bendecido. Y si realmente guardaras la Palabra, ¿no te encontrarías alertando a la gente para que escape de la ira que está por venir, de la hora de prueba que vendrá sobre todos los que habitan la tierra (Apocalipsis 3:10)?

Recuerda, Jesús viene, y Su recompensa viene con Él, para dar a todos de acuerdo a lo que hayan hecho (Apocalipsis 22:1-2). ¿Estarás listo?

LAS SIETE COPAS
DE IRA

PRIMER DÍA

Esta semana vamos a leer Apocalipsis 15 y 16, y tu asignación será algo más liviana. ¿Te suena bien esto o estás tan contento con lo que estás descubriendo por ti mismo que no te importaría leer más? ¡Oramos para que así sea!

Lee Apocalipsis 15 y agrega las palabras *plaga(s)* o *copa(s)* a tu separador, marcándolas de la misma manera. Marca también las palabras clave de tu separador.

SEGUNDO DÍA

Lee Apocalipsis 15 otra vez. Marca toda referencia a Dios; luego, agrega en la lista de tu cuaderno lo que este capítulo enseña acerca de Dios y Su ira. Fíjate también quién está cantando la canción de Moisés, de qué se trata, cómo está dirigida, y el contexto en el que es cantada. Anota tus observaciones en tu cuaderno.

TERCER DÍA

Lee Apocalipsis 16. Marca las palabras clave de tu separador.

También marca *arrepintieron* tal como ya lo venías marcando. Desde Apocalipsis 3 no hemos visto ninguna referencia a la segunda venida de Jesús... ¡hasta ahora!

Después de marcar *Babilonia*, agrega lo que aprendes al Perfil Sobre Babilonia en tu cuaderno.

CUARTO DÍA

Lee otra vez Apocalipsis 16. Anota todo lo que aprendes de la bestia en este capítulo en el Perfil Sobre la Primera Bestia. Registra cualquier cosa que observes del falso profeta (segunda bestia) en el Perfil Sobre la Segunda Bestia. Nota la compañía del falso profeta.

Ahora completa la sección de las copas en el cuadro Los Siete Sellos, Trompetas y Copas (página 132).

QUINTO DÍA

Lee otra vez Apocalipsis 15 y 16. Entonces anota los acontecimientos de estos capítulos en tu Lista de Acontecimientos.

Agrega cualquier observación sobre Dios y Jesús a tu lista.

Identifica y anota los temas de Apocalipsis 15 y 16 en el cuadro Panorama de Apocalipsis.

SEXTO DÍA

Ahora que has completado el cuadro Los Siete Sellos, Trompetas y Copas, tienes que observarlo bien y toda la información que has compilado. Mientras observas este cuadro, plantéate las siguientes preguntas (deberías anotar estas preguntas y sus respuestas en tu cuaderno):

1. ¿Los sellos, trompetas, y copas son distintos o lo mismo?

2. ¿Cómo se comparan los sellos, trompetas y copas entre sí, en términos de severidad?

3. ¿Qué sucede al final del séptimo sello? ¿La séptima trompeta? ¿La séptima copa?

4. ¿Cómo se comparan los sellos, trompetas y copas entre sí, en su frecuencia? ¿Ocurren al mismo tiempo, o uno después del otro? Si todavía tienes preguntas sobre esto, vuelve a ver Apocalipsis 11:14,15.

SÉPTIMO DÍA

Guarda en tu corazón: Apocalipsis 16:15.
Lee y discute: Apocalipsis 16:1-21.

PREGUNTAS PARA DISCUSIÓN O ESTUDIO INDIVIDUAL

∾ ¿Qué aprendiste acerca de las copas de los juicios en Apocalipsis 15 y 16?

a. ¿Cuál es su relación con la ira de Dios?

b. ¿Puedes nombrar o dar una lista de lo que sucede cuando se derrama cada copa?

c. Mientras estudias las copas de los juicios, observa las referencias directas a la bestia. ¿Qué aprendes de las copas y su relación con la bestia y/o sus seguidores?

∾ ¿Qué le sucede a Babilonia en las copas de los juicios?

a. ¿Cómo se compara el juicio de la séptima copa con Apocalipsis 14:8?

b. ¿Qué te dice esto con respecto a Apocalipsis 14:8 y el momento en que sucede? ¿Será que el propósito de Apocalipsis 14 es dar un panorama general de lo que está por ocurrir?

∽ Cuando observaste el cuadro de Los Siete Sellos, Trompetas y Copas, ¿Qué aprendiste acerca de la relación entre los sellos, las trompetas, y las copas?

a. ¿Los sellos, trompetas, y copas son distintas o lo mismo?

b. ¿Cómo se comparan los sellos, trompetas y copas entre sí, en términos de severidad?

c. ¿Qué sucede al final del séptimo sello? ¿La séptima trompeta? ¿La séptima copa?

d. ¿Cómo se comparan los sellos, trompetas y copas entre sí, en su frecuencia? ¿Ocurren al mismo tiempo, o uno después del otro? Si todavía tienes preguntas sobre esto, ¿vuelve a ver Apocalipsis 11:14, 15? ¿Qué indica que las trompetas van una después de la otra? (mira las referencias de tiempo que marcaste cuando estudiaste Apocalipsis 11, e.g. *pasado, viene pronto.*)

e. ¿Piensas que el séptimo sello inicia las siete trompetas, y la séptima trompeta inicia las siete copas?

∽ ¿Qué sucede en la sexta copa?

a. ¿Qué papel tienen la bestia, el dragón y el falso profeta en esta copa?

✍ b. ¿Cuál es la relación entre estos tres? Mira lo que has anotado hasta ahora en tu cuaderno en el Perfil sobre estos personajes.

    c. Discute quiénes son reunidos, dónde, cómo llegan a este lugar, y el propósito de reunirlos.

✍ ¿Cuál piensas es el propósito de Apocalipsis 16:15, que es un paréntesis en la mitad de la sexta copa?

    a. ¿Quién está hablando?

    b. ¿A quién? Recuerda a quién se le escribió Apocalipsis. Fíjate en Apocalipsis 1:11.

    c. ¿Cuál es el mensaje?

    d. ¿Qué has leído hasta ahora con respecto a las vestiduras y sus referencias? (Lee también Apocalipsis 3:4, 5, 18.)

Pensamiento para la Semana

Una vez que el Cordero de Dios toma el libro sellado con los siete sellos de mano de Dios y los abre, el proceso de redimir la tierra con respecto al príncipe de este mundo se pone en marcha. Un sello será abierto, después el segundo, tercero, cuarto y quinto sello. Con la apertura del sexto sello, la gente se dará cuenta de lo que está sucediendo. Ellos reconocerán que Dios está detrás de todo esto y todos clamarán para escapar de la ira que está por venir.

Pero todavía no han visto nada. Con la apertura del séptimo sello, habrá la ráfaga de trompetas, y las últimas tres traerán un aumento de las tribulaciones sobre la tierra.

Finalmente, cuando la séptima trompeta suene, Dios se desplazará con un ataque contra aquellos que se han rehusado a arrepentirse. Su ira será derramada en siete copas de juicio.

Aquellos que eligen seguir a la bestia, recibir su marca, se encontrarán en la senda del juicio de Dios. Tuvieron también la oportunidad de escuchar el evangelio eterno, porque Dios lo declaró a toda nación, tribu, lengua y pueblo, pero no quisieron escuchar.

De este modo la línea queda trazada; los bandos se han definido. La ira de Dios será derramada sobre ellos. Pero cuando la quinta copa es derramada, en vez de arrepentirse, blasfeman al Dios del cielo debido a los dolores y las llagas. La vida tocó a sus puertas... pero eligieron morar en la muerte.

Los reyes de la Tierra se reunirán en Armagedón para hacer guerra contra el Dios Todopoderoso – sin entender, sin creer que algún día toda rodilla se doblará y toda lengua confesará que Jesucristo es el Señor para gloria de Dios el Padre.

Con el derramamiento de la séptima copa, la ira de Dios es consumida. Tal como fue dicho al sonar de la séptima trompeta, la cual introduce las siete copas, el Dios Todopoderoso ha tomado Su gran poder y ha comenzado a regir.

En esas siete copas, la ira de Dios viene con toda fuerza; viene como una avalancha que nadie puede parar. Mientras que la primera copa será un ataque directo contra aquellos que tienen la marca de la bestia, la quinta copa será derramada sobre el reino de la misma.

No nos extraña que aquellos que han sido victoriosos sobre la bestia – aquellos que no recibieron la marca de la bestia, que no amaron sus propias vidas llegando hasta sufrir la muerte, pero que vencieron por la sangre del Cordero y la palabra de su testimonio – cantaran su canción de victoria:

> "¡Grandes y maravillosas son Tus obras, oh Señor Dios, Todopoderoso! ¡Justos y verdaderos son Tus caminos, oh Rey de las naciones! ¡Oh Señor! ¿Quién no temerá y glorificará Tu nombre? Pues sólo Tú eres santo; Porque TODAS LAS NACIONES VENDRÁN Y ADORARÁN EN TU PRESENCIA, Pues Tus justos juicios han sido revelados." (Apocalipsis 15:3,4).

Estas son personas que, en medio de este tiempo, creyeron que Jesús es el Cristo, el hijo de Dios y, que a pesar de la persecución y muerte, guardan los mandatos de Dios y tienen el testimonio de Jesucristo.

¿Y qué de ti? Pues el libro de Apocalipsis fue escrito para la iglesia, para que sepa las cosas que pronto han de pasar. Dios prometió que Jesús vendría – y cuando todo se ponga en marcha, pasará muy rápido. Y una vez que empiece, nadie podrá pararlo; arrollará a todo lo que esté en su camino.

¿Has escuchado Su Palabra? Él viene pronto, y si eres "hijo de luz" -del día- no puedes dormir como los demás, debes estar alerta y ser sobrio. Dios te llama a perseverar. Mantén tus vestiduras blancas; no las manches, porque la hora llega cuando caminarás vestido de blanco de la mano del Señor. No temas a aquellos que pueden matar el cuerpo; témele a Él que es capaz de arrojar el cuerpo y el alma al infierno.

Continúa en la fe, porque ésta es la victoria que vence al mundo. ¿Y quién es el que vence al mundo? El que cree que Jesús es el Cristo, el Hijo de Dios. Jesús no borrará tu nombre del libro de la vida si en realidad eres Su hijo, y Él confesará tu nombre ante Su Padre y los ángeles.

Aquellos que salven sus vidas la perderán, pero aquellos que la pierdan por Él y por causa del evangelio la salvarán.

¡Hay algunas derrotas que son más victoriosas que las mismas victorias!

RESOLVIENDO EL MISTERIO DE BABILONIA

PRIMER DÍA

Lee Apocalipsis 17 y marca las palabras clave de tu separador. Nota lo que Apocalipsis 17:7 promete decirte. También marca las palabras *reyes* (y sus pronombres) y *reino.*[29] Agrégalas a tu separador.

Ahora, haz una lista en tu cuaderno de todo lo que aprendes en este capítulo acerca de los reyes. Entonces, en el PERFIL SOBRE LA PRIMERA BESTIA agrega tus observaciones acerca de la bestia. Mientras anotas lo que viste de la bestia en este capítulo, asegúrate de no haber pasado por alto ninguna información importante. Puede serte útil hacerte las seis preguntas básicas, por ejemplo:

1. ¿Cómo se describe a la bestia?
2. ¿De qué se maravillan los que moran en la Tierra con respecto a la bestia?
3. ¿Cómo se describe a los que moran en la Tierra?
4. ¿Cuál es la relación entre la bestia y las siete cabezas?
5. ¿Qué son las siete cabezas?
6. ¿Qué son las siete montañas?
7. ¿Cuál es la relación de la bestia y los diez cuernos?
8. ¿Qué son los diez cuernos?
9. ¿Cómo se relacionan la bestia y los diez cuernos con el Cordero?

10. ¿Qué le hace a ellos el Cordero?

Lee cuidadosamente Apocalipsis 17:9, 10 dejando que la Escritura hable por sí misma. No leas nada que no esté en el texto. Apocalipsis 17:10 dice lo que son las siete cabezas y las siete montañas. Anota en tu cuaderno lo que observas.

ೂ൦ര

SEGUNDO DÍA

Lee Apocalipsis 17 otra vez. Cuando termines de leer, decide cómo vas a marcar las referencias a la *mujer*. ¿Decidiste marcarla de la misma forma que marcaste Babilonia? ¿Por qué sí, o por qué no? Marca cada referencia a la *mujer*, incluyendo cualquier sinónimo o pronombre que se refiera a ella.

ೂ൦ര

TERCER DÍA

Lista en el PERFIL SOBRE BABILONIA todo lo que veas acerca de la mujer en Apocalipsis 17. Otra vez, hazte preguntas para asegurarte que ¡realmente hayas observado el texto!

1. ¿Quién es esta mujer?
2. ¿Cómo se la describe? ¿Qué adjetivos son usados para describirla? ¿Cómo está vestida?
3. ¿Dónde está sentada?
4. ¿Cuál es la relación de esta mujer con los santos y los testigos de Jesús?
5. ¿Qué es esta mujer? ¿Cuál es su nombre?
6. ¿Qué le sucederá a ella?
7. ¿Cómo sucederá?
8. ¿Por qué le sucederá?

CUARTO DÍA

Lee Apocalipsis 18. Hoy no marques ninguna palabra clave de tu separador. Solo marca referencias a *Babilonia, un día*, y *una hora*.

QUINTO DÍA

Lee otra vez Apocalipsis 18 y marca las palabras clave de tu separador. Verás dos referencias a *lino fino*, pero no las marques de la misma forma que marcaste *vesidos de blanco*. ¿Por qué? Nota el contraste entre las referencias en este capítulo y las que marcaste con anterioridad.

Lista todo lo que aprendes en Apocalipsis 18 acerca de Babilonia y anótalo en el PERFIL SOBRE BABILONIA.

Entonces, observando cada lugar donde marcaste *un día* y *una hora*, nota lo que pasa en un día y en esa hora. Registra tus observaciones en tu cuaderno.

SEXTO DÍA

Ahora anota lo que aprendes de Apocalipsis 17 y 18 en la LISTA DE ACONTECIMIENTOS. También registra los temas de éstos en tu cuadro PANORAMA DE APOCALIPSIS. Anota también en la lista en tu cuaderno, cualquier observación nueva de Jesús, y el Espíritu.

Cuando termines, repasa lo que anotaste en la LISTA DE ACONTECIMIENTOS y el PERFIL SOBRE BABILONIA. ¿Con la sola observación de las Escrituras, qué has aprendido sobre Babilonia? ¿Cómo se compara con lo que te han enseñado acerca de Babilonia? Piensa lo importante que es estudiar por ti mismo la Palabra de Dios para poder ver directamente lo que dice la Escritura. Este método de estudio personal contrarresta el enfoque del método común de repetir-para-memorizar, el cual puede propagar errores – especialmente en estos días de la radio y la televisión.

❧

SÉPTIMO DÍA

Guarda en tu corazón: Apocalipsis 17:7, 18.
Lee y discute: Apocalipsis 17:3-18:24.

PREGUNTAS PARA DISCUSIÓN O ESTUDIO INDIVIDUAL

- ¿Qué te será explicado en Apocalipsis 17:7?

- ¿Quién es la mujer de Apocalipsis 17:7?

  a. ¿Cómo lo sabes?

  b. ¿Qué es la mujer? (Recuerda citar los versículos que corresponden).

  c. Cambia la descripción de la mujer de Apocalipsis 17 al pasar a Apocalipsis 18?

- ¿Qué aprendes de Apocalipsis 18:10?

- ¿Con qué se emborracha la mujer?

- ¿Cuál es la relación de la mujer con la bestia?

- ¿Qué aprendes de la bestia? ¿Cuál es el misterio de la bestia?

  a. ¿Cómo se describe a la bestia en Apocalipsis 17? ¿Qué aprendes de él en este capítulo?

  b. ¿Llega a ser rey la bestia?

c. ¿Cuál es la relación entre la bestia y los siete reyes?

❧ ¿Qué aprendes de los diez cuernos en Apocalipsis 17?

a. ¿Cuál es la relación de la bestia y estos cuernos?

b. ¿Cuál es la respuesta de los diez cuernos al Cordero?

c. ¿Quién crees que es el Cordero? ¿Por qué? (Compara Apocalipsis 17:14 con Apocalipsis 5).

d. ¿Qué opinan los diez cuernos acerca de la mujer?

e. ¿Cómo se compara lo que ellos hacen con lo que Apocalipsis 18 nos dice que le sucede a ella?

f. ¿Por qué los cuernos le hacen esto a la mujer?

g. ¿Quién está detrás de lo que le sucede a la mujer?

❧ ¿Qué aprendes acerca de la destrucción de Babilonia en Apocalipsis 18?

a. ¿Cómo se le llama a Babilonia a través de este capítulo?

b. ¿Cómo se compara esto con Apocalipsis 17:16? ¿Cómo se le llama a ella allí?

c. Basándote solamente en la Escritura, ¿Crees que Apocalipsis 17 y 18 describen a una o dos Babilonias? Di el por qué.

d. ¿Cuán rápida es su destrucción?

e. ¿Cómo se compara Apocalipsis 18:2 con 14:6 y 16:19? ¿Qué te dicen estos versículos acerca de la hora de destrucción de

Babilonia?

ᦸ ¿Qué palabra da Dios a su gente, con respecto a Babilonia en Apocalipsis 18?

    a. ¿Qué crees que le está pidiendo a Su gente en Apocalipsis 18:4?

    b. ¿Qué te dice esto con respecto a algunas de las personas que viven en el tiempo de la séptima copa?

ᦸ ¿Qué has aprendido esta semana, que realmente haya impactado tu vida?

PENSAMIENTO PARA LA SEMANA

Durante muchos años fue una enseñanza común de que la ramera, la gran Babilonia de Apocalipsis 17, era la iglesia Católica Romana – "Babilonia misteriosa, madre de las rameras." Nos han dicho que las siete montañas (montes) donde ella se sienta son las siete colinas de Roma. Nos enseñaron que Apocalipsis 17 presenta a la "Babilonia eclesiástica" mientras que Apocalipsis 18 presenta a la "Babilonia política." ¿Es esto lo que observaste del texto? ¿Qué dicen las Escrituras – no los comentarios – al respecto?

Primero, Apocalipsis 17 nos dice que la mujer es la gran ciudad que reina sobre los reyes de la tierra. El nombre en su frente es "BABILONIA LA GRANDE, LA MADRE DE LAS RAMERAS Y DE LAS ABOMINACIONES DE LA TIERRA."

A lo largo de Apocalipsis 18, también se menciona a Babilonia como una ciudad. ¿Dónde está esta ciudad? ¿Las siete montañas donde se sienta la mujer son las siete montañas o colinas de Roma?

Apocalipsis 17:9, 10 nos dice que las siete montañas son siete reyes y que la bestia misma es el octavo rey – pero uno de los siete, y la bestia, van hacia la destrucción.

Se describe a la bestia como la que era y no es, y que está por salir del abismo e ir a la destrucción. La bestia que mata a los dos testigos en Apocalipsis 11 es descrita como la que sale del abismo.

¿Cómo se compara todo esto con Apocalipsis 13:3, cuando leemos que una de las cabezas fue herida de muerte pero que su herida fue sanada?

Razonemos juntos. ¿Será que la bestia descrita aquí como parte de los siete reyes fue matada, y entonces, poco antes de la muerte de los dos testigos, fue "resucitada" – saliendo así del abismo? ¿Será que al mismo tiempo Satanás es arrojado a la tierra? De este modo, Satanás – el dragón – da su poder a la bestia y ella mata a los dos testigos. Cuando mata a los dos testigos que no podían ser detenidos ni asesinados por nadie, el mundo se detiene y observa. Entonces, la bestia que era uno de los siete y murió, ahora será el octavo rey y todo el mundo lo seguirá. ¡Y comienza la persecución!

La persecución es dirigida primero a los judíos. La bestia se muda a la "hermosa tierra", Israel, entra al templo de ellos, se para en el lugar Santísimo, y se declara Dios. Él es la abominación de desolación acerca de la cual habló el profeta Daniel y Mateo; y es el hombre de pecado de 2 Tesalonicenses 2.

Entonces la mujer huye al desierto. Aquellos que estaban en Judea ni siquiera buscan sus abrigos; huyen a donde Dios ha preparado un lugar para la mujer, Israel, durante 3 ½ años.

Podría ser que en este momento la segunda bestia (el falso profeta) fabrica una imagen de la primera bestia y hace que la gente reciba su marca; y que así adoren a la imagen de la bestia. Aquellos que rehúsen recibir su marca no podrán comprar o vender y sufrirán gran persecución. La bestia y los diez cuernos (reyes) establecerán su sede en Babilonia (¿será literalmente en Babilonia [Iraq]? Todo lo profetizado en el Antiguo Testamento, con respecto a la ciudad literal de Babilonia, todavía no ha sucedido).

Babilonia es una ciudad que perseguirá a aquellos que mantengan sus vestiduras sin mancha, que no amen su vida aún hasta la muerte. Es una ciudad donde se encuentra la sangre de los profetas y los santos y de todos aquellos que fueron asesinados en la Tierra. Esta ciudad se ha opuesto a Dios y Su reinado en la vida de ellos desde los días de Nimrod, como se ve en Génesis (lee el capítulo 10). Esta es la ciudad de aquellos que conquistaron a Judá y destruyeron Jerusalén en el 586 a.C. Esta es la ciudad que está siendo reconstruida en Iraq... y que hasta la actualidad existe. ¿Podrá ser la ciudad de Apocalipsis 17 y 18? Solo el tiempo lo dirá.

La sede de la bestia estará en Babilonia, pero la relación de ella con la mujer no es lo que aparenta ser. La bestia y los diez reyes que no tienen reino, pero que dan su autoridad a la bestia, quieren verla destruida. De ese modo, Dios los usa para ejecutar Su voluntad y juicio sobre la gran Babilonia.

En una hora – en un día – al derramarse la séptima copa, Babilonia es destruida para siempre y recibe la copa del vino de la furia de la ira de Dios. Cuando suene la séptima trompeta, Dios comienza a regir para mostrar quién es El.

Al derramarse la sexta copa, los ejércitos del mundo, algunos cruzando el lecho seco del rio Éufrates, se reunirán en Armagedón para hacer guerra contra Dios y Su gente.

Cuando Dios derrame la séptima y última copa de ira, los ejércitos de la Tierra verán a gran distancia el humo del incendio de Babilonia, la gran ciudad de riquezas.

Y la bestia y los diez reyes irán adelante para hacer guerra contra el Cordero, pero el Cordero los vencerá porque Él es Señor de señores y Rey de reyes.

¡Alza la vista! El Rey viene, y aquellos que vienen con Él son los llamados y elegidos y fieles. ¡Y lo serás tú! ¡Y también nosotros, amigo! Persevera, porque Él viene, y su recompensa con Él.

¿EXACTAMENTE QUÉ PASARÁ CUANDO VENGA JESÚS?

PRIMER DÍA

Lee Apocalipsis 19 y marca tus palabras clave. Ten cuidado de no saltarte ninguna de ellas. Estamos llegando a la conclusión de Apocalipsis, y marcar estas palabras te ayudará a ver un panorama general de los temas que has venido estudiando; por ejemplo Babilonia, la bestia, y las naciones. Marca y agrega la palabra *esposa*[30] a tu separador.

SEGUNDO DÍA

Hoy vamos a leer Apocalipsis 19, párrafo por párrafo. A medida que lees cada párrafo, escribe el tema de cada uno de ellos para así poder analizar este importante y emocionante capítulo. Registra los temas de cada párrafo en tu cuaderno:

Apocalipsis 19:1-6a

Apocalipsis 19:6b-10

Apocalipsis 19:11-16

Apocalipsis 19:17, 18

Apocalipsis 19:19-21

Esto te da la información que necesitas para completar tu LISTA DE ACONTECIMIENTOS, así que anota tus observaciones del capítulo 19.

TERCER DÍA

Lee Apocalipsis 19 por tercera vez. Esta vez marca cada referencia a Aquel que está sobre el caballo blanco, el cual es llamado Fiel y Verdadero (19:11). No te olvides de marcar cualquier sinónimo y/o pronombre que se refiera a esta persona. Cuando termines tus observaciones, haz una lista con lo que observas de estas referencias (resulta interesante comparar lo que lees aquí, con lo que anotaste acerca de la descripción de Jesús en el cuadro LOS MENSAJES DE JESÚS A LAS IGLESIAS (páginas 44-49) y con la descripción de Jesús en Apocalipsis 1).

Agrega tus observaciones acerca de Jesús a la lista en tu cuaderno.

Compara la descripción de aquellos que vienen en caballos blancos con "La Palabra de Dios" en Apocalipsis 19:14 y con Apocalipsis 19:7, 8. ¿Son el mismo grupo de gente? Antes de responder, mira Apocalipsis 17:14. ¿Qué opinas? Anota tus observaciones en tu cuaderno.

CUARTO DÍA

Agrega a los PERFILES todo lo que aprendas en este capítulo sobre Babilonia, la bestia, y el falso profeta (la segunda bestia de Apocalipsis 13). También agrega a tu lista tus observaciones sobre Dios y Jesús, y registra cualquier información nueva que veas sobre la segunda venida de Cristo.

QUINTO DÍA

Cuando marcaste las palabras clave, marcaste las frases *hacer guerra*. [31] Fíjate dónde ocurre la guerra en este capítulo y anota en tu cuaderno lo que aprendes. Ahora lee Apocalipsis 16:13-16 y 17:14. Anota en tu cuaderno los detalles de la guerra mencionada en estos pasajes y compáralos con lo que observaste en Apocalipsis 19. Reflexiona sobre esto. ¿Se refieren a la misma guerra? Anota tus observaciones en tu cuaderno.

Ahora dale un vistazo a Apocalipsis 14:17-20 y compáralo con Apocalipsis 19:15. ¿Qué ves? Anota tus observaciones en tu cuaderno.

SEXTO DÍA

Hoy vamos a disfrutar mirando algunas referencias acerca de la venida del Mesías (El Cristo). Lee estos versículos comparándolos con lo que observaste esta semana. Si crees que estos versículos te dan información adicional a la llegada del Señor en Apocalipsis 19, entonces anótalos en tu Biblia como referencias cruzadas.

Asegúrate de hacerte las seis preguntas básicas mientras lees estas referencias.

Primero lee Isaías 34:5-8. Fíjate en lo que dice este pasaje acerca de la espada, sangre, y Edom. Compara la sangre aquí mencionada con Apocalipsis 14:20 y 19:3; luego, ubica todo en el mapa de la página 111.

Lee Isaías 63:1-6 y fíjate de dónde es esta persona, por qué Sus vestiduras están manchadas, y qué las ha manchado. Lee también Apocalipsis 19:15.

Compara Isaías 11:1-6 con Apocalipsis 19:15.

Lee y compáralo con Salmos 2:1-9, y después Apocalipsis 2:26,27; 5:10 con 19:15.

SÉPTIMO DÍA

Guarda en tu corazón: Apocalipsis 19:15, 16
Lee y discute: Apocalipsis 19

PREGUNTAS PARA DISCUSIÓN O ESTUDIO INDIVIDUAL

∾ ¿De qué se trata Apocalipsis 19?

a. Repasa los temas en este capítulo párrafo por párrafo.

b. Discute lo que aprendes acerca del lugar, personas, o acontecimientos de cada párrafo.

∾ ¿Qué aprendiste en Apocalipsis 19 de la venida del Señor?

a. ¿Cómo se describe la Palabra de Dios en este capítulo?

b. ¿De dónde y a dónde viene?

c. ¿Qué sucede cuando viene?

d. ¿Qué le sucede a las naciones?

e. ¿Qué le sucede a los reyes?

Las Naciones de la Profecía de Jeremías

f. ¿Qué le pasa a la bestia y al falso profeta?

g. ¿Quién viene con Él?

h. ¿Cómo se los describe? ¿Qué otros versículos dan información sobre esto?

❧ ¿Qué aprendiste al leer las referencias cruzadas en el Sexto Día? Discútelo uno a uno.

a. ¿Qué preguntas plantean ellos?

b. ¿Cómo vas a encontrar las respuestas a estas preguntas? Recuerda que éste es un curso de revisión de Apocalipsis. Las interrogantes están bien porque te hacen profundizar en la Palabra de Dios (nota que dijimos en "la Palabra", no en comentarios, porque en ellos encontrarás toda clase de opiniones sobre Apocalipsis – algunas buenas, otras raras).

❧ ¿Qué es lo más importante que viste o aprendiste en el estudio de esta semana?

❧ Todo lo que estás estudiando, ¿cómo ha afectado o impactado tu opinión acerca de Dios? ¿Tu relación con Él? ¿Tu vida en general?

❧ Apocalipsis 1:3 promete bendición a aquellos que leen, oyen, y guardan las palabras de Apocalipsis. ¿Qué has leído y escuchado que necesitas considerar y hacer?

PENSAMIENTO PARA LA SEMANA

¿Cuál es la secuencia de acontecimientos que rodean a la venida del Rey de reyes? Después de dos años de escribir y hacer nuestros cuatro estudios inductivos de Precepto sobre Precepto, queremos compartir contigo cómo vemos que irán ocurriendo las cosas. Esto te dará algo para pensar y examinar. Mientras te explicamos lo que creemos que podría suceder, puedes seguirnos en el mapa de la página 111.

Primero, con el derramamiento de la sexta copa, los reyes de toda la Tierra son convocados por espíritus inmundos al inigualable campo de batalla, el valle de Meguido, para la guerra del gran día de Dios, del Todopoderoso.

Segundo, la séptima copa es derramada y Babilonia, la gran ciudad que rige sobre los reyes de la tierra, será destruida por fuego. La ciudad que la bestia regía es destruida, sin embargo la bestia aún vive. Su corazón todavía planea guerra contra Dios – y la nación escogida y elegida de Dios, Israel. A pesar de que mucha gente que vivía en Judea huyó al desierto de Edom, cuando la abominación de desolación se situó en el lugar santísimo - declarándose Dios- Jerusalén todavía permanece en pie.

Tercero, creemos que la bestia, al mando de los ejércitos de la tierra, procederá a lo largo del valle de Josafat, para devastar Jerusalén tal como nos dice Zacarías 14:2, 3: "Porque Yo reuniré a todas las naciones en batalla contra Jerusalén; y será tomada la ciudad y serán saqueadas las casas y violadas las mujeres. La mitad de la ciudad será desterrada, pero el resto del pueblo no será cortado de la ciudad. Entonces saldrá el SEÑOR y peleará contra aquellas naciones, como cuando Él peleó el día de la batalla."

Esto nos lleva al *cuarto* acontecimiento. Apocalipsis dice que cuando el Señor venga estará vestido con un manto empapado en sangre y que Él pisa el lagar de la violenta furia de Dios. Isaías lo describe como uno que viene de Edom, de Bosra con ropa de colores encendidos. Entonces registra lo siguiente: ¿Por qué es rojo Tu ropaje, Y Tus vestiduras como las del que pisa en el lagar?

A lo que contesta,

"El lagar lo he pisado Yo solo; De los pueblos, ningún hombre estaba conmigo. Los pisé en Mi ira Y los aplasté en Mi furor. Su sangre salpicó Mis vestiduras Y manché todo Mi ropaje. Porque el día de la venganza estaba en Mi corazón, Y el año de Mi redención había llegado. Pisoteé los pueblos en Mi ira, Los embriagué en Mi furor, Y derramé su sangre por tierra" (Isaías 63:2-4,6).

Conforme vamos descubriendo la verdad en la Escritura, parecería que el escenario de los acontecimientos que rodean a la venida del Señor podría ser algo así: Después del ataque de las naciones a Jerusalén, los ejércitos dirigidos por la bestia podrían marchar hacia Edom para destruir a aquellos judíos que habían huido al desierto hace 3 ½ años. Entonces el Señor vendrá primero a Edom por Su gente, la cual sustentó durante los 3 ½ años. "Porque Mi espada está embriagada en el cielo, Descenderá para hacer juicio sobre Edom Y sobre el pueblo que Yo he dedicado a la destrucción. La espada del SEÑOR está llena de sangre, Está llena de sebo, de la sangre de corderos y de machos cabríos, De sebo de los riñones de carneros. Porque el SEÑOR tiene un sacrificio en Bosra, Y una gran matanza en la tierra de Edom. Porque es día de venganza del SEÑOR, Año de retribución para la causa de Sion" (Isaías 34:5, 6, 8).

Después el Señor vendría de Edom hacia el valle de Josafat. Y mientras se dirige allá, Él enfrenta las fuerzas opuestas y los pisotea en el lagar de la feroz ira de Dios, destruyéndolos con la espada que sale de Su boca, y dejando el valle fluyendo sangre que llega hasta los frenos de los caballos.

> Apresúrense y vengan, naciones todas de alrededor, Y reúnanse allí. Haz descender, oh SEÑOR, a Tus valientes. Despiértense y suban las naciones, Al Valle de Josafat, Porque allí Me sentaré a juzgar, A todas las naciones de alrededor. Metan la hoz, porque la cosecha está madura; Vengan, pisen, que el lagar está lleno; Las tinajas rebosan, porque grande es su maldad. (Joel 3:11-13).

Quinto,

> Sus pies se posarán aquel día en el Monte de los Olivos, que está frente a Jerusalén, al oriente; y el Monte de los Olivos se hendirá por el medio, de oriente a occidente, formando un enorme valle, y una mitad del monte se apartará hacia el norte y la otra mitad hacia el sur... Entonces vendrá el SEÑOR mi Dios, y todos los santos

con El… El Señor será Rey sobre toda la tierra. En aquel día el Señor será uno, y uno Su nombre… Y sucederá que todo sobreviviente de todas las naciones que fueron contra Jerusalén subirán de año en año para adorar al Rey, Señor de los ejércitos, y para celebrar la Fiesta de los Tabernáculos (de las Enramadas) (Zacarías 14:4, 5, 9,16).

Nuevamente, ¡ven pronto Señor Jesús…!

¿El Reinado de Cristo y El Lago de Fuego

PRIMER DÍA

Lee Apocalipsis 20. En este momento no te preocupes por marcar palabras clave o referencias de tiempo. Solamente lee para tener un panorama general de los acontecimientos de este capítulo.

Luego léelo de nuevo. Y esta vez marca cada referencia al *lago de fuego* y agrégalo a tu separador. Vuelve a Apocalipsis 19:20 y marca esta frase allí también, y las otras palabras clave de tu separador. Marca además toda referencia a tiempo.

SEGUNDO DÍA

Nuevamente lee Apocalipsis 20, y esta vez marca la frase *los muertos* y la palabra *muerte*, pero márcalas de manera que puedas distinguir una de la otra. Cuando termines, haz una lista en tu cuaderno de todo lo que aprendes de estas palabras.

Registra en el PERFIL lo que aprendas en Apocalipsis 20 acerca de la bestia y el falso profeta. Agrega a la lista del dragón, que empezaste en la séptima semana, todo lo que aprendas de él. Asegúrate de haber marcado sus sinónimos para obtener un perfil completo basado en estos versículos.

117

ᴖᴖ

TERCER DÍA

Vuelve a leer Apocalipsis 20. Esta vez, mientras lees, observa los distintos acontecimientos que ocurren en el capítulo. Marca cada referencia a *la primera resurrección* y *la segunda muerte*, cada una con marcas distintas. Añade la frase *la segunda muerte* en tu separador.

CUARTO DÍA

Como viste ayer, Apocalipsis 20 cubre una serie de acontecimientos. Dedica el día de hoy para observar cuidadosamente los acontecimientos de Apocalipsis 20:1-10. Anota tus observaciones en la LISTA DE ACONTECIMIENTOS. Mientras repasas lo que viste ayer, recuerda hacer las seis preguntas básicas:

- ¿Quiénes son los personajes involucrados en cada acontecimiento?
- ¿Qué sucede en ese acontecimiento?
- ¿Cuándo sucede? ¿Por cuánto tiempo?
- ¿Dónde sucede?
- ¿Por qué ocurre?
- ¿Cómo se va a desatar el evento?
- ¿Cuál es el resultado de cada evento?

QUINTO DÍA

Por lo menos hay un evento en Apocalipsis 20:11-15 que querrás observar detenidamente. Lee este pasaje otra vez y marca la frase *según sus obras*.[37] Entonces examina estos versículos basándote en las seis preguntas básicas. Registra tus observaciones en la LISTA DE ACONTECIMIENTOS.

Después que termines, vuelve a leerlo para ver qué te enseña este capítulo sobre la segunda muerte. Nota quién es y quién no es afectado por ella.

SEXTO DÍA

Hoy veremos con más detalle el juicio del gran trono blanco y algunas referencias cruzadas que nos darán más información acerca de esta gente que es juzgada. Lee Apocalipsis 20:11-15 otra vez. Nota quién está en este juicio y quién no se encuentra allí, porque eso es muy importante.

Obras es una palabra importante en el libro de Apocalipsis. Repasa lo que aprendiste al marcar la frase *según sus obras*[32] en Apocalipsis 20:11-15. Entonces vuelve a Apocalipsis 2 y 3 y fíjate en cada lugar donde hayas marcado la palabra *obras*[33] y haz una lista de lo que aprendes.

¿Somos salvos por nuestras acciones u obras, o simplemente son una manifestación de lo que ha tomado lugar en nuestro corazón y en nuestras vidas en relación a Jesucristo y la salvación del pecado; la cual Él nos ofrece si creemos en Él? Busca los siguientes versículos, anótalos en tu cuaderno bajo Apocalipsis 20, y registra lo que aprendes de cada pasaje: Efesios 2:8-10; Tito 3:5-8; y Romanos 2:4-11 (mientras estudias estos versículos fíjate en las palabras, *acciones* u *obras*. Nota si la persona está haciendo el bien o el mal, y cuáles son las consecuencias).

Busca los siguientes versículos y nota lo que puedes aprender acerca de "el día del juicio" con respecto a las posibles clases de juicio en relación a la luz y la oportunidad que tiene una persona: Mateo 10:14; 11:21-24; 12:41,42; Marcos 12:38-40; 2 Corintios 11:13-15. Ahora compara lo que has visto con lo que aprendiste acerca del juicio del gran trono blanco. Recuerda quién está en este juicio y quién no está. Fíjate en qué se basa su juicio. Piensa acerca de la justicia de Dios, al juzgar aún a aquellos que no son salvos.

Anota el tema de Apocalipsis 20 en el cuadro PANORAMA DE APOCALIPSIS y agrega cualquier observación nueva a tu lista de Dios y Jesús.

SÉPTIMO DÍA

Guarda en tu corazón: Apocalipsis 20:6.
Lee y discute: Apocalipsis 20:4-6, 11-15.

PREGUNTAS PARA DISCUSIÓN O ESTUDIO INDIVIDUAL

~ ¿Cuáles son los acontecimientos principales de Apocalipsis 20?

   a. Lístalos en tu pizarra en el orden en que aparecen en Apocalipsis 20.

   b. Nota quién participa en cada acontecimiento, dónde ocurre, cuánto dura, y el resultado o consecuencias de cada uno.

   c. ¿Piensas que los acontecimientos de Apocalipsis 20 están narrados en el orden en que ocurren? ¿Cómo lo sabes?

~ Basado en lo que has visto en el libro de Apocalipsis, las referencias a los 3 ½ años ¿son literales o figurativas? ¿Y los 1000 años mencionados seis veces en los primeros siete versículos de Apocalipsis 20, son literales o figurativos? Da una razón para tu respuesta.

~ ¿Qué aprendes de estudiar el juicio de aquellos que están presentes ante el gran trono?

~ Si toda la gente del versículo 11 va a ser arrojada al lago de fuego, ¿por qué están siendo juzgados por sus acciones?

a. ¿Sufrirán todos el mismo castigo?

b. Discute lo que aprendiste esta semana cuando buscaste Efesios 2:8-10; Tito 3:5-8; Romanos 2:4-11; Mateo 10:14,15 11:21-24; 12:41,42; Marcos 12:38-40; 2 Corintios 11:13-15.

∽ Si tienes tiempo, discute el destino de la bestia, del falso profeta, y de Satanás, el dragón. Nota a dónde van y cuándo.

a. ¿Por qué es atado Satanás por 1000 años?

b. ¿Qué hace cuando lo sueltan?

c. ¿A dónde va cuando lo sueltan?

d. ¿Qué le sucede?

∽ ¿Qué has aprendido del estudio de esta semana que no hayas visto antes? ¿Cómo va afectar la forma en que vives?

PENSAMIENTO PARA LA SEMANA

Desde el principio de los tiempos, la esperanza de los judíos y la iglesia de Jesucristo ha sido la venida del Mesías para reinar como Rey de reyes y Señor de señores. Cuando el día amanezca, esa esperanza se hará una realidad. Entonces, las naciones de la Tierra verán que cada Palabra de Dios es verdad y aquellos que se aferraron a Él en fe serán vindicados. En aquel gran y glorioso día, aquellos que parecían sabios en la sabiduría del mundo serán avergonzados, y los considerados como tontos por el mundo serán vistos como sabios.

La naturaleza verdadera de Satanás, el padre de las mentiras, será expuesta. Y aquellos que sobrevivieron al holocausto de la gran tribulación verán al Hijo del Hombre venir "desde el cielo con Sus poderosos ángeles en llama de fuego, para dar alivio a ustedes que están afligidos," pero "dando castigo a los que no conocen a Dios, y a los que no obedecen al evangelio (las buenas nuevas) de nuestro Señor Jesús." (2 Tesalonicenses 1:7-9).

Y cuando el Hijo del Hombre venga en Su gloria, y todos los ángeles con Él, entonces se sentará en el trono de Su gloria. Y serán reunidas delante de Él todas las naciones (Mateo 25:31,32). Esas serán las multitudes que sobrevivieron físicamente los juicios de los sellos, trompetas y copas. Habrá multitudes en el valle de la decisión, cuando Él separe las ovejas de las cabras basándose en el modo que estos individuos, en sus respectivas naciones, trataron a Su gente santa y elegida, los judíos.

Aquellos que no los consideran — que no los alimentan o les dan algo para apagar su sed, o no los invitan para cuidar de ellos cuando están enfermos, o no los visitan cuando están en prisión — serán inmediatamente condenados al castigo eterno. Pero aquella gente que hace lo opuesto – que cuida y ama a la gente elegida de Dios, los judíos – entrarán en la vida eterna; sus acciones reflejarán la convicción de su corazón.

En este momento habrá una gran resurrección – la primera resurrección, la resurrección a la vida. Aquellos que fueron decapitados por el testimonio de Jesús y por la Palabra de Dios, y aquellos que rehusaron salvar sus vidas rechazando la marca de la bestia, serán resucitados a vida eterna; y ellos reinarán en esta Tierra con el Señor Jesucristo por 1000 años.

Parecería en Isaías 65:19-25 que durante esos tiempos cuando Jesús vuelva, aquellos que estén vivos darán a luz niños que tendrán que decidir si jurarán lealtad al Rey de reyes; niños que tendrán que decidir si le van a creer y someter sus vidas a Él. Aquellos que no lo hagan morirán antes de llegar a la edad de 100 años. En esos tiempos habrá 1000 años de paz sobre la Tierra. El lobo y el cordero pastorearán juntos; y el león comerá paja con la zorra. El enemigo, el que era príncipe de este mundo será atado, y así no podrá engañar a las naciones que una vez rigió.

Jesucristo gobernará la tierra hasta que todos sean puestos como estrado de Sus pies. Aquellos que venzan reinarán con Él, así como David y los 12 apóstoles. Sin embargo, al final de los 1000 años Satanás será soltado del abismo e irá por última vez a engañar a las naciones. Y algunos serán engañados, y en su engaño pensarán que pueden conquistar a la Jerusalén terrenal de nuestro Señor y a los judíos que se han vuelto la alabanza de toda la tierra. Pero el fuego vendrá del cielo y lo devorará a él y a todos aquellos que él engañó en tan corto tiempo.

Con esto será suficiente. Los enemigos de Jesús se volverán estrado de Sus pies. "Pero el día del Señor vendrá como ladrón, en el cual los cielos pasarán con gran estruendo, y los elementos serán destruidos con fuego intenso, y la tierra y las obras que hay en ella serán quemadas... (Habrá) nuevos cielos y nueva tierra, en los cuales mora la justicia. (2 Pedro 3:10, 13) ¡Éste será el día de Dios!

Entonces todos los muertos, grandes y pequeños, desde el tiempo de Adán y Eva y la creación presente de los cielos y la tierra, hasta el tiempo de su destrucción – aquellos que nunca pasaron de muerte a vida porque no pusieron su fe en la primera venida del Mesías, el Cristo – estarán ante el gran trono blanco de Dios. Allí serán condenados al castigo eterno en el lago de fuego el cual es la segunda muerte, donde el gusano no muere y el fuego no es extinguido. Ellos estarán muertos por segunda vez porque rehusaron creer en el que es "el camino, y la verdad, y la vida" (Juan 14:6), el Único por el cual se puede ir a Dios. Ellos pasarán toda la eternidad junto a una trinidad impura – la bestia, el falso profeta, y el mismo diablo. No tendrán excusas (Romanos 1:18-20). Su castigo será eterno pero la severidad del castigo dependerá de cómo vivieron en la tierra. La severidad del lago de fuego será de acuerdo a sus acciones. Serán juzgados de acuerdo a la verdad que ellos tenían y cómo respondieron a ella. Dios es un Dios justo. El perverso que ha sido más rebelde, más maléfico que otros, que ha tenido más luz, más oportunidad, y aún así rehusó al Mesías, será castigado como corresponde.

¿Y qué de aquellos que obtuvieron justicia por fe, una justicia como la de Adán y Eva, Abraham y Sara, y otros santos del Antiguo Testamento que miraron hacia el futuro en fe? ¿Y qué con aquellos que fueron declarados justos porque vieron o creyeron en la vida, muerte, y resurrección del Mesías? Aquellos que creyeron en fe que Él vendría como Mesías, y aquellos que creyeron que Él vino por primera vez no estarán frente al gran trono blanco del juicio. Sus nombres todavía estarán en el libro de la vida y registrados en el libro de la vida del Cordero. Y la semana que viene, en nuestra lección final de Apocalipsis, veremos el destino de estos justos.

Simplemente recuerda, que aunque nuestro entendimiento de estos versículos proféticos tal vez no sea perfecto – o tal vez no esté de acuerdo con lo que tú crees – en nada niega el hecho de que Jesús viene y que Su recompensa está con Él (Apocalipsis 22:6-12). ¡Él reinará como Rey de reyes, y Señor de señores! Así que póstrate ahora ante Él. Permite que hoy Él reine completamente en tu vida. De seguro, ¡ésta será una decisión que lamentarás no haberla tomado antes!

¿CÓMO ES EL CIELO?

PRIMER DÍA

Lee Apocalipsis 21 y marca cualquier palabra clave que tengas en tu lista. Marca también, en forma distintiva, cada referencia a *la nueva Jerusalén* (*la ciudad, la ciudad santa*). Asegúrate de marcar los pronombres que se refieran a esa ciudad.

Nota de qué se trata este capítulo – lo que ve Juan.

SEGUNDO DÍA

Lee otra vez Apocalipsis 21. Asegúrate de haber marcado *naciones, la segunda muerte, el lago,*[34] *y la novia.*

Cuando termines tus observaciones, registra en tu cuaderno todo lo que aprendas en este capítulo sobre el lago de fuego (que es la segunda muerte), las naciones, y la novia.

TERCER DÍA

Lee otra vez Apocalipsis 21. Esta vez asegúrate de haber marcado toda referencia a Dios. Después, agrega todo lo que aprendas en Apocalipsis 21 acerca de Él a la lista en tu cuaderno.

❧❧

CUARTO DÍA

Realiza en tu cuaderno una lista de todo lo que ves en Apocalipsis 21 acerca de la nueva Jerusalén, el tabernáculo de Dios. Deja suficiente espacio para anotar las observaciones de mañana. Asegúrate de examinar lo que has observado de la nueva Jerusalén, haciéndote las seis preguntas básicas. Mientras miras a la nueva Jerusalén, nota lo que aprendes acerca de esa ciudad con respecto al "templo".

Fíjate quién va a vivir en la nueva Jerusalén – y si eres tú, ¡emociónate! Si no – ¡arrepiéntete y cree!

❧❧

QUINTO DÍA

Lee Apocalipsis 22 – ¡el capítulo final de este estudio! Marca las palabras clave de tu señalador. También marca las frases *guarda(n) las palabras,*[35] *este libro, el árbol de la vida, la ciudad (la ciudad santa).*

Anota en tu cuaderno, en la lista que empezaste ayer, cualquier información nueva acerca de la nueva Jerusalén. También haz una lista de lo que aprendes en este capítulo acerca del árbol de la vida.

Cuando termines, observa y formula una lista de lo que aprendes en Apocalipsis 21 y 22 acerca de las naciones. ¿Son diferentes de "la novia"? ¿Cómo?

❧❧

SEXTO DÍA

Hoy lee otra vez Apocalipsis 22. Observa cuidadosamente qué hace Juan en este capítulo final. Nota de qué se trata el principio del capítulo y qué narra después.

Haz una lista de todo lo que aprendes marcando *este libro*. Haz también una lista de todo lo que aprendes al marcar, a través de Apocalipsis, las referencias a la venida del Señor.

¿Notas los diferentes grupos a los que Juan se refiere en esta última exhortación? Vuelve a leer Apocalipsis 1 y compara lo que se dice al principio del libro con lo que se dice al final.

Agrega cualquier observación nueva a la lista que hiciste de Jesús y el Espíritu. Agrega también lo que aprendas de Dios en este último capítulo.

En tu LISTA DE ACONTECIMIENTOS, anota brevemente los acontecimientos mencionados en Apocalipsis 21 y 22. Registra también los temas de estos capítulos en el cuadro PANORAMA DE APOCALIPSIS.

SÉPTIMO DÍA

Guarda en tu corazón: Apocalipsis 21:4, 5 y/o 22:7 o 22:12

Lee y discute: Apocalipsis 21:1-10, 22; 22:5, 16-21

PREGUNTAS PARA DISCUSIÓN O ESTUDIO INDIVIDUAL

∾ ¿Cuál es el tema(s) principal de Apocalipsis 21 y 22?

∾ Cronológicamente, ¿cuándo ocurren los acontecimientos de los capítulos 21 y 22 en relación con los otros acontecimientos de Apocalipsis?

a. Cuando se le dijo a Juan que escribiese el libro de Apocalipsis, ¿qué debía escribir? (Asegúrate que tu clase haga referencia a Apocalipsis 1:19).

b. Dibuja una línea de tiempo. Pon una cruz al principio de la línea:

✝ _____

    c. Pregúntale a la clase dónde pondrían, en la línea de tiempo, los siguientes acontecimientos:

1. Los primeros tres capítulos de Apocalipsis

2. Apocalipsis 4 y 5

3. Los sellos, trompetas, y copas de juicio

4. La destrucción de Babilonia

5. Las bodas del Cordero

6. La guerra entre la bestia y los reyes de la Tierra contra Jesús y aquellos que son llamados, elegidos y fieles

7. La segunda venida de Cristo a la Tierra

8. El juicio de las naciones

9. El reino milenario (1000 años) de Cristo

10. La primera resurrección

11. El encadenamiento de Satanás en el abismo

12. La liberación de Satanás del abismo para que pueda engañar a las naciones

13. La batalla de Gog y Magog

14. El juicio del gran trono blanco

15. La segunda muerte

16. El lago de fuego (fíjate quién va allí y cuándo)

17. El nuevo cielo y la nueva Tierra

18. Dios enjugará toda lágrima, no más dolor o muerte

  Cuando el ángel le muestra la novia a Juan, la esposa del Cordero, ¿qué vio Juan?

  ¿Qué aprendiste de la ciudad santa, la nueva Jerusalén?

    a. ¿Cómo se la describe?

b. ¿Cómo está iluminada?

c. ¿Dónde está su templo?

d. ¿De dónde viene?

e. ¿Quién vive en la ciudad santa?

f. ¿A quién se le permite entrar, y a quién no?

g. ¿Cuál es la relación de las naciones con ella?

h. ¿Cuál es la relación del Padre y el Hijo para con esta ciudad?

❧ ¿Qué aprendiste en Apocalipsis 22 acerca del árbol de la vida?

❧ ¿Cómo termina el libro de Apocalipsis?

a. ¿Qué paralelos ves entre Apocalipsis 1 y Apocalipsis 22?

b. ¿Qué observaste al marcar cada referencia de este libro?

c. ¿Qué palabras de exhortación son dadas al lector?

d. ¿Qué advertencia se da en el último capítulo?

e. ¿Qué invitación se da? ¿A quién? ¿Cuál es la promesa?

❧ ¿Qué es lo más importante que hayas aprendido mientras estudiabas el libro de Apocalipsis?

❧ ¿Cómo te ha afectado este estudio, de manera personal?

Pensamiento para la Semana

Sin el libro de Apocalipsis la Biblia no estaría completa. Apocalipsis nos da "el resto de la historia". Lo que empezó en Génesis es terminado en Apocalipsis. Lo que empieza como una derrota, termina en un triunfo máximo. Apocalipsis nos muestra claramente que Dios es Dios, que Él nunca ha dejado Su trono. El misterio del supuesto predominio de las fuerzas del mal es aclarado en Apocalipsis cuando el misterio de Dios es consumado y Jesús toma Su trono y comienza a regir sobre la Tierra. Con toda razón, justamente, el libro es abierto por el Cordero – solo Él es digno y capaz de abrir sus sellos. En justicia Él juzga y hace guerra. Finalmente, Él es visto por todos como el Rey de reyes y Señor de señores.

Los enemigos de Dios son hechos estrados de los pies de Jesús. Cuando la muerte, el último enemigo es conquistado, el reino le es entregado a Dios el Padre. ¡Finalmente, el tabernáculo de Dios está entre los hombres! Por fin Dios es visto por el hombre cara a cara cuando personalmente enjuga cada lágrima de los ojos de aquellos que son Sus amados.

Entonces, el deseo y esperanza de todos los tiempos, la nueva Jerusalén, la ciudad santa, preparada como una novia adornada para su esposo desciende del cielo. La novia no necesita de nada más; su Novio celestial ha preparado para ella un hogar que va más allá de su comprensión – una ciudad que no necesita del sol o de la luna porque la gloria de Dios la ha iluminado, y ¡su lámpara es el Cordero! Nadie entrará a esta ciudad, sino solo aquellos cuyos nombres estén escritos en el libro de la vida del Cordero. Ya no habrá corrupción o degradación de la humanidad nuevamente. ¡Ya no habrá pecado!

¿Estás seguro de que tu nombre está en el libro de la vida del Cordero? ¿Seguro más allá de toda duda? Si es así, es tu responsabilidad tomar lo que aprendiste y compartirlo con otros – para ofrecerles que también tomen sin ningún costo del agua de vida. Es también tu responsabilidad el advertirles de lo que les espera en el futuro si rehúsan esta cortés y misericordiosa invitación a tan grande salvación.

¡No añadas nada a las palabras de Apocalipsis! ¡Tampoco le quites! Te ha sido dada una verdad sagrada. Las palabras de la profecía de este libro son fieles y verdaderas; si tú manipulas, agregando o quitando de ellas, te estás poniendo por encima de Dios, entonces jamás podrás sentarte en Su presencia. Tu responsabilidad es guardar las palabras de la profecía de este libro.

Así que persevera, estudiante diligente. Mantén tus vestiduras blancas. Jesús viene pronto y Su recompensa está con Él para darle a cada persona de acuerdo a lo que haya hecho. Existe un día de retribución para los santos así como para los pecadores. Ven, ¡Señor Jesús… ven!

Los Siete Sellos, Trompetas y Copas

	Sellos	Trompetas	Copas
1ro			
2do			
3ro			
4to			
5to			
6to			
7mo			

Temas de Apocalipsis

				TEMAS DE LOS CAPÍTULOS	Autor:
				1	
				2	Trasfondo
				3	Histórico
				4	
				5	Propósito:
				6	
				7	
				8	Palabras
				9	Clave:
				10	
				11	
				12	
				13	
				14	
				15	
				16	
				17	
				18	
				19	
				20	
				21	
				22	

NOTAS

1. NVI: "lo que has visto"
2. NVI: "lo que sucede ahora"
3. NVI: "lo que sucederá después"
   RV 1960: "las que han de ser después de estas"
4. NVI: también *Prácticas*
5. NVI: "El que tenga oídos"
6. RV 1960: "oiga lo que el Espíritu dice a las iglesias"
7. NVI: "Escribe al ángel de la iglesia de..."
   RV 1960: "Y escribe al ángel de la iglesia en..."
8. NVI: "Al que salga vencedor"
   RV 1960: "Al que venciere"
9. NVI: "El que tenga oídos, que oiga lo que el Espíritu dice a las iglesias"
   RV 1960: "El que tiene oído, oiga lo que el Espíritu dice a las iglesias"
10. NVI: también *Prácticas*
11. RV 1960: "en vestiduras blancas"
12. RV 1960: "en vestiduras blancas"
13. NVI: "los que viven en la tierra"
    RV 1960: "los que moran sobre la tierra"
14. NVI: "los que viven en la tierra"
    RV 1960: "los que moran sobre la tierra"
15. NVI: "la hora de tentación"
16. NVI: "Después de esto"
17. NVI: "Al instante vino sobre mí el Espíritu"
    RV 1960: "Y al instante yo estaba en el Espíritu"
18. NVI: "un rollo"
19. NVI: "castigo"
20. NVI : "suenen"

21. NVI: "estruendos"
    RV 1960: "voces"
22. NVI, RV 1960: también *nación, pueblos*
23. NVI: "hará la guerra"
24. NVI: "ha sido expulsado"
    RV 1960: "fue lanzado"
25. NVI: "ha sido expulsado"
    RV 1960: "ha sido lanzado"
26. NVI: "los habitantes de la tierra"
    RV 1960: "los moradores de la tierra"
27. NVI: "una imagen en honor de la bestia"
    RV 1960: " imagen a la bestia"
28. NVI: gran prostituta, madre de las prostitutas
    RV 1960: gran ramera, madre de las rameras
29. NVI: "no han comenzado a reinar", "poder de gobernar"
30. NVI: "novia"
    RV 1960: también *esposa*
31. RV 1960: "pelea"
32. NVI: "según lo que habían hecho", "según lo que había hecho"
33. RV 1960: *obras, prácticas*
34. NVI: "lago de fuego y azufre"
    RV 1960: "el lago que arde con fuego y azufre"
35. NVI: "cumplen las palabras"

CERCA DE MINISTERIOS PRECEPTO INTERNACIONAL

inisterios Precepto Internacional fue levantado por Dios para el lo propósito de establecer a las personas en la Palabra de Dios para oducir reverencia a Él. Sirve como un brazo de la iglesia sin ser parte una denominación. Dios ha permitido a Precepto alcanzar más allá de s líneas denominacionales sin comprometer las verdades de Su Palabra errante. Nosotros creemos que cada palabra de la Biblia fue inspirada y ida al hombre como todo lo que necesita para alcanzar la madurez y estar mpletamente equipado para toda buena obra de la vida. Este ministerio busca imponer sus doctrinas en los demás, sino dirigir a las personas Maestro mismo, Quien guía y lidera mediante Su Espíritu a la verdad a avés de un estudio sistemático de Su Palabra. El ministerio produce una riedad de estudios bíblicos e imparte conferencias y Talleres Intensivos entrenamiento diseñados para establecer a los asistentes en la Palabra a avés del Estudio Bíblico Inductivo.

ck Arthur y su esposa, Kay, fundaron Ministerios Precepto en 1970. ay y el equipo de escritores del ministerio producen estudios **Precepto bre Precepto,** Estudios **In & Out**, estudios de la **serie Señor**, estudios la **Nueva serie de Estudio Inductivo**, estudios **40 Minutos** y **Estudio iductivo de la Biblia Descubre por ti mismo para niños.** A partir de ios de estudio diligente y experiencia enseñando, Kay y el equipo han ɛsarrollado estos cursos inductivos únicos que son utilizados en cerca de 35 países en 70 idiomas.

OVILIZANDO

stamos movilizando un grupo de creyentes que "manejan bien la Palabra Dios" y quieren utilizar sus dones espirituales y talentos para alcanzar) millones más de personas con el estudio bíblico inductivo.

compartes nuestra pasión por establecer a las personas en la Palabra de ios, te invitamos a leer más. Visita **www.precept.org/Mobilize** para más formación detallada.

ESPONDIENDO AL LLAMADO

hora que has estudiado y considerado en oración las escrituras, ¿hay go nuevo que debas creer o hacer, o te movió a hacer algún cambio en vida? Es una de las muchas cosas maravillosas y sobrenaturales que resultan de estar en Su Palabra – Dios nos habla.

En Ministerios Precepto Internacional, creemos que hemos escuchado Dios hablar acerca de nuestro rol en la Gran Comisión. Él nos ha dic en Su Palabra que hagamos discípulos enseñando a las personas cón estudiar Su Palabra. Planeamos alcanzar 10 millones más de personas c el Estudio Bíblico Inductivo.

Si compartes nuestra pasión por establecer a las personas en la Palabra Dios, ¡te invitamos a que te unas a nosotros! ¿Considerarías en oraci aportar mensualmente al ministerio? Si ofrendas en línea en **www.prece org/ATC**, ahorramos gastos administrativos para que tus dólares alcanc a más gente. Si aportas mensualmente como una ofrenda mensual, men dólares van a gastos administrativos y más van al ministerio.
Por favor ora acerca de cómo el Señor te podría guiar a responder llamado.

Compra Con Propósito
Cuando compras libros, estudios, audio y video, por favor cómpral de Ministerios Precepto a través de nuestra tienda en lín (**http://store.precept.org/**) o en la oficina de Precepto en tu país. Sabem que podrías encontrar algunos de estos materiales a menor precio tiendas con fines de lucro, pero cuando compras a través de nosotros, l ganancias apoyan el trabajo que hacemos:

• Desarrollar más estudios bíblicos inductivos
• Traducir más estudios en otros idiomas
• Apoyar los esfuerzos en 185 países
• Alcanzar millones diariamente a través de la radio y televisión
• Entrenar pastores y líderes de estudios bíblicos alrededor del mundo
• Desarrollar estudios inductivos para niños para comenzar su viaje con Di
• Equipar a las personas de todas las edades con las habilidades es estud bíblico que transforma vidas

Cuando compras en Precepto, ¡ayudas a establecer a las personas en Palabra de Dios!
resultan de estar en Su Palabra – Dios nos habla.

www.ingramcontent.com/pod-product-compliance
Lightning Source LLC
Chambersburg PA
CBHW070102080426
42452CB00055BA/1145